Alan Morrison
Ökumene - Das Trojanische Pferd in der Gemeinde

D1728834

Allan Morrison

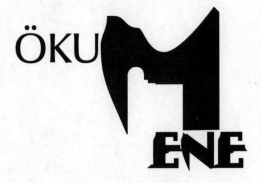

ÖKUMENE

DAS TROJANISCHE
PFERD IN DER
GEMEINDE

ISBN 3-89436-077-1

Titel der Originalausgabe: The Trojan Horse in the Temple
Herausgeber der Originalausgabe: Rushworth, Derbyshire
© Copyright der Originalausgabe: Alan Morrison 1993
© Copyright der deutschsprachigen Ausgabe:
1994 Christliche Verlagsgesellschaft, Dillenburg
Titelgestaltung: Dieter Otten, Bergneustadt
Satz: rk-design, Bergisch Gladbach
Druck: Druckhaus Gummersbach

Inhaltsverzeichnis

Vorwort.. 6

Einführung.. 8
   Die drei Phasen der ökumenischen Entwicklung............11

1. Von der Reformation zur Ökumene 13
   Politischer Utopismus...19

2. Von der Ökumene zum Synkretismus...........................24
   Der universale Dialog...25
   Die kommende Konföderation der Religionen...............36

3. Vom Synkretismus zum Universalismus.......................40
   Die Religion der Neuen Weltordnung 44

4. Die Verbindung zum Vatikan.......................................50
   Katholozismus gleich Synkretismus...............................53
   Mutter Theresa und der Geist des Friedens 60
   Das Herzstück der Weltreligionen offengelegt...............63
   Unheilige Allianz...70
   Mystizismus und uralte Gnosis.......................................73

Nachwort 85
   Der fatale Fehler der interreligiösen Bewegung............86

Bibliographie 91

Begriffserklärungen 95

Vorwort

In den letzten Jahren haben viele Christen ihre Besorgnis über die ökumenische Bewegung zum Ausdruck gebracht. Als Antwort auf den biblischen Ruf zu christlicher Einheit versucht die Bewegung, sowohl auf formeller als auch auf informeller Ebene, alle christlichen Denominationen und Organisationen zu einer universalen, zusammengewürfelten Masse zu vereinen. Wenn diejenigen, die hinter dieser Bewegung stehen, sich zum Hauptziel gesetzt hätten, alle Gläubigen auf der Grundlage von Gottes Wahrheit zusammenzubringen und die Fülle des Evangeliums in Liebe und Kraft einer geistlich verdorbenen und bedürftigen Welt näherzubringen, dann wäre ich der erste, der sich ihnen anschließen würde. Ich würde mich nicht dem Gebet des HERRN, seiner letzten großen Rede, widersetzen, denn die Gläubigen sind gerade in ihrer Einheit ein evangelistisches Zeugnis vor den Ungläubigen (Joh.17,20-23). Ich kann mich voll mit denen identifizieren, die von ganzem Herzen ein Ende der Sektiererei und unbiblischen Spaltungen sehen möchten. Jedoch hat die Kenntnis davon, daß es hinter dem Werk der modernen ökumenischen Bewegung ein geheimes Vorhaben von globalen Ausmaß gibt, mich dazu veranlaßt, die Wurzeln ihrer Geschichte und ihrer Entwicklung aufzudecken.

Zu den den offenkundigen Merkmalen der vielen Verführungen, die die wahre Kirche von Anfang an geplagt haben, finden sich die raffinierten Wurzeln, sowie ihre verborgene Entwicklung.

Noch nie war es für die Gläubigen so wichtig zu erkennen, daß satanisch inspirierte Bewegungen in der Kirche niemals mit bösen Absichtserklärungen in Erscheinung treten. Vielmehr stellen sie sich als höchst wünschenswert dar und voll geistlicher Integrität, so daß sie, wenn sie es wagen könnten, sogar das Volk Gottes verführen würden (Mt.24,24). Der Herr Jesus wies auf diese Art der Täuschung bereits hin, als er die falschen Propheten als "Wölfe im Schafspelz" beschrieb (Mt.7,15). Ebenso warnte der Apostel Paulus vor Satan, der sich als "Engel des Lichts" klug verkleiden kann, um seine Finsternis zu verbergen (2.Kor.11,14). Der alte Kirchenvater Irenäus von Lyon (130-200 Jahre n.Chr.) erkannte das auch und drückte es so aus:

> *"Keine falsche Lehre möchte sich offen unseren Blicken stellen, damit sie nicht durch eine solche Bloßstellung überführt wird. Da sie jedoch schlauerweise ein plausibles Kleid anzieht, bringt sie es fertig, durch ihre äußere Erscheinung der einfacheren Art gegenüber wahrhaftiger zu erscheinen, als die Wahrheit selbst".* [1]

Ich bin fest davon überzeugt, daß die ökumenische Bewegung, trotz ihrer Absichtserklärungen, in eine solche Kategorie fällt. Ich gebe zu, daß es viele aufrichtige und wohlmeinende Gläubige gibt, die diese Bewegung unterstützen; und hauptsächlich für sie wurde dieses Buch geschrieben. Wenn wir erst einmal das riesige Netzwerk von Intrigen voll begriffen haben, das hinter der ökumenische Bewegung steht, werden auch die letzten Spuren des Schafspelzes abfallen und sie wird sich als das offenbaren, was sie ist: Ein trojanisches Pferd mitten im Tempel des Herrn.

Alan Morrison
Edinburgh   Januar 1993

---

[1] Irenäus von Lyon, "Against Heresies or A Refutation of Knowledge falsely so-called" §2. Das ist eine großartige Widerlegung der gnostischen Häresie im 2.Jhd.

Einführung

Obwohl wir Christen wissen, daß die bloßen Buchstaben des Alphabets, verglichen mit der Kraft des Heiligen Geistes, "tot" sind (2.Kor.3,6), müssen wir trotzdem anerkennen, daß Worte eine ungeheuer starke Wirkung haben, die häufig gute, aber auch schlechte Reaktionen hervorrufen können. Manchmal werden Wörter aus bestimmten Gründen aus ihrem biblischen Zusammenhang "entführt". Ein klassisches Beispiel von heute ist das Wort "charismatisch". Von der Schrift her bedeutet es einfach nur "göttlich begabt" - ein Begriff, der in der Tat auf jeden wahren Gläubigen zutrifft und überhaupt nicht den begrenzten Sinn hat, der ihm in einigen christlichen Kreisen heute beigemessen wird.

Ein weiteres "entführtes" Wort ist der Begriff "ökumenisch". Obwohl das Wort inzwischen eine tendenziöse Assoziation hat, ist es von unschuldiger biblischer Herkunft. Die Worte "Ökumene" und "ökumenisch" stammen aus dem griechischen Wort "oikumene" und bedeuten "die ganze bewohnte Erde" oder einfach "die Welt". An einer wichtigen Schriftstelle wird uns gesagt, daß das Evangelium **auf dem ganzen Erdkreis**, allen Nationen zu einem Zeugnis, gepredigt wird und dann das Ende kommt (Mt.24,14). Dies bedeutet, daß alle Nationen durch das Evangelium erreicht werden müssen. Der Herr Jesus kündigte es an, als er sagte: "Die Zeit ist erfüllt und das Reich Gottes ist nahe gekommen. Tut Buße und glaubt an das Evangelium" (Mk.1,15). Gottes Volk war nicht mehr auf das Israel des alten Bundes beschränkt. Ein Überrest dieses Volkes war gewissermaßen die Erstlingsfrucht des neuen Bundes, die Gemeinde oder Versammlung. Doch danach sollten die Nationen der ganzen bewohnten Erde in die Sphäre der Evangeliumsverkündigung einbezogen werden, genau so, wie es von den alttestamentlichen Propheten vorausgesagt worden war. (z.B. Jes.11,10; 66,19; Mal.1,11). Das heißt nicht, daß jeder aus den Nationen errettet werden wird. Nur diejenigen, die dem Evangelium gehorchen, ihre Sünden bekennen und zu ihrer Errettung an Jesus Christus glauben, werden in die wahre Gemeinde eingepflanzt und die Gabe des ewigen Lebens empfangen (Röm.11,16-17; 2.Thes.1,7-8; Joh.3,36).

Diese Gemeinde wird vom Apostel Paulus als "Leib Christi" offenbart, in dem alle Glieder "in einem Geist getränkt" wurden - nämlich im Heiligen Geist Gottes. In diesem Leib sollte es keine Spaltungen, sondern nur Liebe und Fürsorge untereinander geben (1.Kor.12,12-27). Inmitten einer gefallenen Welt wird die Gemeinde ermahnt, als "Salz der Erde" und als "Licht der Welt" zu wirken (Mt.5,13-16). Der Herr Jesus bekräftigte es, als Er sagte, daß sich die Gläubigen lieben sollten gleich wie Er sie geliebt hat, damit man sie als seine Jünger erkennen würde (Joh.13,34-35). Kurz darauf sagte er, daß die Gläubigen eins seien, was für die Ungläubigen so offenkundig sein würde, daß sie zweifellos Christus als vom Vater gesandt erkennen würden (Joh.17,21-23). Aus diesem Gebet geht aber auch deutlich hervor, daß die Einheit innerhalb der Gemeinde, auf die Jesus hinwies, eng mit der Einheit innerhalb der dreieinen Gottheit verbunden ist. **Wahre Ökumene liegt daher in der geistlichen Einheit, auf der Grundlage des Heiligen Geistes, der in allen Gläubigen auf der ganzen Welt wohnt.** Stattdessen wird die heute überwiegend falsche Ökumene auf ein sehr beschränktes und kompromißreiches Glaubensbekenntnis gegründet. Jene, die eine solch falsche Ökumene verteidigen, haben noch nicht erkannt, daß die Gemeinde nicht so allumfassend ist, wie sie sich das vorgestellt haben. Derselbe Apostel, der das mächtige Fürbitte-Gebet des Herrn Jesus in Joh.17,21-23 aufzeichnete, schrieb auch die folgenden Worte an einige Mitchristen, um sie vor falschen Lehrern zu warnen:

> *Jeder, der weitergeht und nicht in der Lehre des Christus bleibt, hat Gott nicht, wer in der Lehre bleibt, der hat sowohl den Vater als auch den*

Sohn. Wenn jemand zu euch kommt und diese Lehre nicht, bringt, so nehmt ihn nicht ins Haus auf und grüßt ihn nicht! Denn wer ihn grüßt, nimmt teil an seinen bösen Werken. (2.Joh.9-10)

Das unterstreicht den Ausschließlichkeitsaspekt der wahren Gemeinde, die von Jesus Christus gegründet wurde - eine Tatsache, die vom HERRN selber mit Nachdruck vermerkt wurde (Mt.7,13-14; Lk.13,24). Die Einheit der Gemeinde, wie sie in der Bibel deutlich wird, gleicht einem geistlichen Organismus, welcher durch Gottes Gnade in Jesus Christus und durch die Kraft des Heiligen Geistes aus der Welt heraus gesammelt wurde (Joh.10,4,14-16.26-27; Tit.3,4-6). Die Einheit der wahren Gemeinde besteht nicht aus einer weltlichen und organisatorischen Allianz von Namenschristen, die von einer Politik menschlicher Anstrengungen getragen wird. Solch eine Pseudo-Ökumene begann vor fast einem Jahrhundert in die Gemeinde einzudringen und hat bis heute viel Verwirrung unter den Gläubigen verursacht.

Die drei Phasen der ökumenischen Entwicklung

Wir erkennen es an, daß viele Leute die ökumenische Bewegung unterstützen, weil es ihr Herzenswunsch ist, ein Ende der Sektiererei zu sehen. Aber ihre Wünsche und oft auch ihre Anstrengungen basieren auf einer völligen Unkenntnis der weltweiten Einflüsse, die danach trachten, weit über die urprünglichen Absichten derjenigen hinauszugehen, die zunächst einmal Ökumene innerhalb der Gemeinden verteidigten. Eine der Hauptursachen für die Verwirrung in den heutigen Gemeinden ist die Tatsache, daß man dem Wort "Ökumene" heute eine andere Bedeutung als in der Bibel gibt. Wenn wir das gesamte Wachstum der ökumenischen Bewegung sehen, können wir eine Dreiphasen-Entwicklung im ökumenischen Denken zurückverfolgen. In der **ersten** Phase wollte man eine echte Einheit unter denen schaffen, die sich auf der ganzen Welt zum Glauben an Jesus Christus bekannten. In der **zweiten** Phase verlagerte sich die Betonung dahingehend, daß jetzt auch all diejenigen mit eingeschlossen wurden, die Mitglieder irgendeiner Denomination oder Religion waren. In der **dritten** und jüngsten Phase wurde das Konzept der Ökumene zu ihrer letzten Möglichkeit ausgeweitet, nämlich daß jedes menschliche Geschöpf, die ganze Welt in ihrer absoluten, universalen Bedeutung in das Konzept der Kirche einbezogen werden soll. Dabei geht es nicht mehr um die Möglichkeit der allumfassenden Evangeliumsverkündigung. Anders ausgedrückt beschränkte sich die ökumenische Bewegung in Phase eins auf die Gemeinde im Sinn einer weltweiten Bruderschaft christlichen Glaubens. Phase zwei stilisierte sie zu einer weltweiten Bruderschaft religiösen Glaubens, während in Phase drei, fast unbemerkt von der Mehrheit der Christen, eine weltweite Bruderschaft der gesamten Menschheit unabhängig von religiösen Zugehörigkeiten betont wird. Daher werden Synkretismus und humanistischer Universalismus in einer Bewegung gefunden, die vorgibt, die christliche Kirche und die Interessen von Jesus

Christus zu repräsentieren.

Wir werden jetzt die Entwicklung dieser drei Phasen genauer untersuchen, damit wir die Macht, die dahinter steht, besser verstehen.

1. Von der Reformation zur Ökumene: "Christen der Welt, vereinigt euch!"

Obwohl viele schon früher von christlicher Einheit redeten, ist der Ursprung der modernen ökumenischen Bewegung auf dem Boden der europäischen Reformation zu suchen. Diese Bewegung entstand innerhalb der protestantischen Kirchen als Ergebnis eines geschichtlichen Ereignisses und dem darauf folgenden Wirken einiger fehlgeleiteter Männer. Ursprünglich entwickelte sich die falsche Ökumene aus dem aufrichtigen Wunsch, das Gebet des Herrn Jesus Christus von der christlichen Einheit in Joh.17,20-23 zu erfüllen. Um die Jahrhundertwende sah eine kleine Gruppe von Christen die große Zahl konkurrierender Interessen auf dem Missionsfeld und kam zu dem verständlichen Schluß, daß ein sektiererischer Geist sich nachteilig auf das Glaubenszeugnis vor der Welt auswirkt. Das Ergebnis war eine Versammlung von 1355 Delegierten auf der Weltmissionskonferenz in Edinburgh am 14. Juni 1910. Das ist der wahre Ursprung von dem, was wir heute als ökumenische Bewegung bezeichnen.

Diese Konferenz wurde aus dem Grund abgehalten, die breite Palette der Fragen zu diskutieren, die die "Weltevangelisation dieser Generation" betrafen. Ursprünglich vorgesehen als "dritte ökumenische Missionskonferenz" (das Wort ökumenisch wurde schließlich im Interesse der Einheit aus dem Namen entfernt!)[1], war die Missionskonferenz von 1910 der Höhepunkt von sieben vorausgegangenen internationalen Tagungen der Missionsorganisationen, die in verschiedenen Teilen der Welt abgehalten wurden. Jedoch wurde die Edinburgher Zusammenkunft die erste Konferenz, die quer durch alle Denominationen gehalten wurde.

---

[1] William Richey Hogg, "Edinburgh 1910: Ecumenical Keystone", ein Artikel in "Religion and Life: A Christian Quarterly of Opinion and Discussion" Bd.29, Nr. 3, Sommer 1960, S.344.

Der Austragungsort für diese Konferenz war die "General Assembly Hall" der "United Free Church of Scotland", heute Versammlungssaal der ansässigen Schottischen Kirche. Als ein Beispiel für die sich ständig wandelnde Denominationszene im Schottland des 19. Jahrhunderts war die United Free Church selbst eine Denomination, die aus der Vereinigung der damaligen Free Church of Scotland und der United Presbyterian Church hervorgegangen war. Die Schlüsselfigur der Weltmissionskonferenz 1910 war der amerikanische methodistischer Laienprediger John. R. Mott (1865-1955), dessen einfacher Wunsch es war,

> *"Christus jedem Menschen in der Welt nahezubringen, damit jeder die Gelegenheit hat, Ihn nach eingehender Überlegung als seinen persönlichen Retter anzunehmen [...]. Es ist unsere Pflicht, die Welt zu evangelisieren, weil Jesus es befohlen hat".*[2]

Obwohl viele Gegner der ökumenischen Bewegung über die Naivität dieser frühen Ökumeniker gespottet haben, verdeutlichte dieser einfache Wunsch nach Evangelisation ein echtes biblisches Ziel. Unglücklicherweise wurde dieses erstrebenswerte Ziel von mehreren Entwicklungen begraben, die vom ursprünglichen Entwurf abwichen.

Die Weltmissionskonferenz entstand aus dem Wunsch heraus, die christliche Weltevangelisation zu vereinigen, und aus der Betroffenheit über die konkurrierenden Denominationen auf dem Missionsfeld. John Mott war der Organisator der Freiwilligen Studentenbewegung für Auslandsmission - Ergebnis der Missionsarbeit von Dwight. L. Moody. Der studentenorientierte Hintergrund ist bemerkenswert. Ein neutraler Beobachter, der die Geschichte der ökumenischen Bewegung aufmerksam verfolgte, stellte einmal fest:

---

[2] C.H. Hopkins, "John R. Mott: A Biography", Eerdmans, 1980, S.232.

"Es war die studentische Welt, in der sich die ökumenische Zusammenarbeit im 20.Jahrhundert am ausgeprägtesten entwickelte, nämlich durch den Young Men`s Christian Association (Christlicher Verein Junger Männer) [...] und die christliche Studentenbewegung".[3]

Durch eben diesen Umstand kamen auf der Weltmissionskonferenz 1910 zum ersten Mal Anglo-Katholiken und Evangelische zusammen (wenngleich auch zaghaft). Bischof Talbot von Winchester erwähnte in seiner Rede auf der Konferenz: *"Wir wären nicht hier, wenn es nicht die christliche Studentenbewegung gegeben hätte".*[4] Viele Jahre später sollte der Erzbischof von Canterbury, William Temple, einmal schreiben:

"Mitglieder der (christlichen Studenten-) Bewegung sollen wissen, daß es ohne ihre Bewegung niemals die Edinburgher Konferenz gegeben hätte, die das bedeutendste Ereignis im kirchlichen Leben einer ganzen Generation darstellt".[5]

Es ist eine einzigartige Tatsache, daß die Jugend und die Idealisten schon immer eine Zielscheibe für humanistische Bewegungen waren, die mit großem Eifer danach streben, soziale und kulturelle Entwicklungen im Weltsystem zu revolutionieren. Wir müssen diese Verwicklungen in bezug auf die Entwicklung der Ökumene aufmerksam zur Kenntnis nehmen. Eine sorgfältige Durchsicht der Namens- und Adressenliste der Delegierten auf der Weltmissionskonfe-

---

[3] Lorna J.M. Brockett, "The Development of the Ecumenical Movement", (The Christian Education Movement in Collaboration with Roehampton Institut of Higher Education, 1981) S.5.

[4] Hugh Martin, "Beginning at Edinburgh", A Jubilee Assessment of the World Missionary Converence, 1910, (Edinburgh House Press, 1960) S.5.

[5] ebenda.

renz ist sehr interessant, und es ist sicher kein Zufall, daß viele der

> *"allgegenwärtigen, jugendlichen Ordner (der Konferenz), die von der Christlichen Studentenbewegung ausgewählt worden waren und zu deren führenden Persönlichkeiten an den Universitäten gehörten, in späteren Jahren herausragende Führer der ökumenischen Bewegung wurden".*[6]

Außerdem trugen viele dieser jungen Menschen dazu bei, den "orthodoxen Liberalismus" und das "soziale Evangelium", beides Eckpfeiler der Ökumene, der Christenheit näherzubringen. Männer wie Neville Talbot (1879-1943), Walter Moberly (1881-1974), John Baille (1886-1943) und William Temple (1881-1944) sind einige der bekannteren Namen, die sich in der Ökumene und im "sozialen Evangelium" ihr Leben lang engagierten.

Obwohl der einzige Beschluß der Weltmissionskonferenz von 1910 daraus bestand, ein hauptamtliches "Fortsetzungskomitee" einzuführen, sollte dies weitreichende Folgen in der Namenschristenheit haben, denn eben dieses "Fortsetzungskomitee" beschloß, die

> *"allererste repräsentative interkonfessionelle Organisation einzusetzen. Das wird als Beginn der modernen ökumenischen Bewegung angesehen".*[7]

Wahrscheinlich war William Temple der wichtigste ökumenische Enthusiast, der aus der Weltmissionskonferenz hervorgegangen ist. Er war zeitlebens ein Sozialist und Meister des "Sozialen Evangeliums" - jener Vorstellung, daß die Evangeliumsverkündigung besser durch soziale Aktivitäten und durch das Vorantreiben gesellschaftlicher Veränderungen erfüllt werden könne. Bemerkenswerter-

---

[6] ebenda, S.8.

[7] J.D.Douglas (Hrsg.), "The New International Dictionary of the Christian Church" (Zondervan, 1974), S.392.

weise wurde William Temples theologische Position von einer renommierten Quelle als "hegelianischer Idealismus"[8] bezeichnet. Er war von 1914-1917 Pfarrer der St. James-Kirche in Piccadilly, London. Diese Kirche sollte zum Hauptzentrum des Synkretismus, Okkultismus und der Befreiungspolitik innerhalb der Kirche von England werden und ist es auch bis heute.

Obwohl Winston Churchill die Ernennung wegen seiner bekundeten linken Ansichten und seiner Mitgliedschaft in der Labour Party verschoben hatte, wurde William Temple schließlich Erzbischof von Canterbury. Er wurde zum Bahnbrecher der inzwischen zur Tradition gewordenen Kritik der Bischöfe an der Regierungspolitik und war von 1908-1924 Präsident des Arbeiterbildungsvereins. Die wichtigste Tatsache bestand darin, daß hauptsächlich durch die Initiativen William Temples der Weltkirchenrat und der Britische Rat der Kirchen ins Leben gerufen wurden. Als erster Präsident des Weltkirchenrats im "Bildungsprozeß" 1938, und als erster Präsident des Britischen Rates der Kirchen 1943, machte er eine unheilvolle prophetische Aussage über die neue ökumenische Bewegung, zu deren Entwicklung er beitrug:

> *"Fast zufällig ist die große Weltgemeinschaft entstanden. Sie ist die großartige neue Tatsache unseres Zeitalters".*[9]

Obwohl auch viele andere Unterstützer der Weltmissionskonferenz in erheblichem Maße zum Fortschreiten der ökumenischen Bewegung beitrugen, wurden auf der Konferenz folgende drei Gremien ins Leben gerufen:

1. Der internationale Missionsrat
2. Die Weltkonferenz für Glauben und Kirchenverfassung (Zusammenkunft in Lausanne 1925, Edinburgh

---

[8] Encyclopaedia Britannica, 15. Auflage, 1985, Bd.11, S.625.

[9] Carl McIntire, "Servants of Apostasy" (Christian Beacon Press, 1955), S.229.

1937). Sie sollte Lehrfragen erörtern, die die Kirchen trennten.
3. Die weltweite Konferenz für praktisches Christentum (Zusammenkunft in Stockholm 1925, Oxford 1937). Diese befaßte sich mit der Verbindung zwischen Christus und der Wirtschaft, der Industrie, den sozialen und moralischen Problemen, internationalen Beziehungen und der Bildung.

Es ist interessant, das Motto der Konferenz für praktisches Christentum zu betrachten:

Lehre entzweit - Dienst vereint.

Es ist bemerkenswert, daß dieser Slogan auf christliche Körperschaften angewandt wurde. Dadurch wurde das einzigartige Fundament des Glaubens, das der Gemeinde ursprünglich von Christus und durch die Apostel gegeben wurde, untergraben (2.Tim.1,13; Jud.3). Auch die Kirchenväter hatten gegen alle Spaltungen und Verleugnungen gekämpft, um die Unversehrtheit der Gemeinde für folgende Generationen zu erhalten. Es ist klar, daß die Christenheit Spaltungen in der Welt verursacht, nämlich zwischen Gläubigen und Ungläubigen. Darauf hatte schon Jesus Christus selber hingewiesen (Lk.12,51; Joh.15,19-21), es ist eine natürliche Folge der Verkündigung des Evangeliums (z.B. Joh.7,43). Soweit es wahre Gläubige betrifft, wäre es viel biblischer, zu bekräftigen, daß *"die wahre Lehre vereint und der Dienst heiligt"*.

Die Wahrheit des christlichen Glaubens ist in der Gemeinde, dem Pfeiler und der Grundfeste (1.Tim.3,15), zusammengefaßt und kann die wahren Gläubigen niemals spalten, auch wenn es nebensächliche Meinungsverschiedenheiten geben mag.

1948 vereinigte sich die *Konferenz für praktisches Christentum* mit der *Konferenz für Glauben und Kirchenverfas-*

18

sung zum *Weltkirchenrat*. Dreizehn Jahre später verschmolz der *Internationale Missionsrat* mit dem *Weltkirchenrat*, um zur Sektion für *"Weltmission und Evangelisation"* innerhalb des Kirchenrates zu werden. Dies wurde zum Wendepunkt der Entwicklung, wie es ein neutraler Beobachter knapp formulierte:

> *"Somit wurde die Weltmission der Kirche genau ins Zentrum der ökumenischen Bewegung gerückt"*.[10]

Der Organisator der Weltmissionskonferenz von 1910, John Mott, war im Jahre 1921 Vorsitzender des Internationalen Missionsrates geworden. 1948 wurde er Vizepräsident des Weltkirchenrates, der ja zum größten Teil als Ergebnis seiner Arbeit entstanden ist.

Politischer Utopismus

Einer der umstrittensten Aspekte des Weltkirchenrates, der viele Menschen dazu veranlaßt hat, Glaubwürdigkeit des Weltkirchenrates als Hüter des Evangeliums zu hinterfragen, ist die Tatsache, daß er mit Nachdruck eine politisch-utopische Linie verfolgt, indem er ein breites Spektrum linker revolutionärer Prozesse unterstützt.[11] Obwohl innerhalb des Weltkirchenrates schon immer Sorgen um die Menschenrechte bekundet wurden, zeigt sich diese Linie besonders dort, wo Menschenrechte durch die Sowjetunion unterdrückt wurden, als diese z.B. mit ihrem Terror über Ost-

---

[10] Encyclopaedia Britannica, Bd.16, 15.Auflage, 1985, S.297.

[11] In bezug auf weitere Informationen zu dieser Erscheinung siehe

1. "The World Councel for Churches: A Soviet-Communist Catspaw in Africa" (Canadian League of Rights, 1976).

2. Bernard Smith, "The Fraudulent Gospel: Politics in the WCC" (Canadian Intelligence Publications, 1978) Diese Bücher sind erhältlich bei Canadian Intelligence Publications (C.I.P.), Box 130, Flesherton, Ontario, Kanada, NOC 1 EO.

europa regierte. Dieser Zustand wurde nicht unerheblich dadurch beibehalten, daß 1961 die Orthodoxen Kirchen von Rußland, Bulgarien, Rumänien und Polen in den Weltkirchenrat aufgenommen wurden.

Man gewinnt den starken Eindruck, daß der Weltkirchenrat vielmehr eine kirchlich-politische Organisation auf weltweiter Grundlage ist, als eine echte geistliche und christliche Einheit in der Welt. Obwohl der Weltkirchenrat mit einer Fassade christlicher Bekenntnisse ausgestattet ist (obgleich diese sehr begrenzt sind), ist er tatsächlich eine synkretistische Organisation, die "Befreiungstheologie" verbreitet - ein unvermeidliches Ergebnis seiner Struktur und seiner lehrmäßigen Position, die von antichristlichen Kräften gründlich unterwandert wurde. Mit den Worten eines scharfsichtigen Kritikers ist der Weltkirchenrat ein *"Beispiel par excellence für Situationsethik und Doppelmoral"*.[12]

In der Aufrichtung eines "politischen Utopismus", bei dem der Bau eines Reiches Gottes auf Erden den Vorrang vor der biblischen Verkündigung des Evangeliums hat, verkörpert der Weltkirchenrat die Verwirklichung entsprechender Vorstellungen vieler einzelner Kirchen. Diese Täuschung kann in mehreren Formen in Erscheinung treten. Eine dieser Formen ist die sogenannte Befreiungstheologie - die Verbesserung der Welt durch revolutionäre Politik.[13] Obwohl die römischen Katholiken diese Bewegung angegriffen haben, haben doch viele protestantische Organisationen den Einsatz revolutionärer Proteste, ja sogar Aufstände gegen die Staatsmacht, um der gesellschaftlichen Verände-

---

[12] John Cotter, "A Study in Syncretism: The Background and Apparatus of the Emerging One-World-Church (C.I.P., 1979) S.61. Dieses Buch wird sehr empfohlen.

[13] Für ein exzellenten, grundlegenden Überblick über die Befreiungstheologie siehe "Family Protection Scoreboard: Liberation Theology Special Edition" , erhältlich bei P.O.Box 10459, Costa Mesa, CA 92627, U.S.A.

rung willen propagiert und unterstützt. Der Weltkirchenrat spielt hier eine eigene Rolle. Als das Zentralkomitee 1989 in Moskau zusammenkam, wurde in der St. Georgssaal des großen Kremlpalastes ein gewaltiger Empfang gegeben. Während einer längeren Rede verwies der damalige Generalsekretär des Weltkirchenrates, Dr. Emilio Castro, auf die Schriften von Karl Marx, welche die *"Hoffnungen und Träume einer neuen Menschlichkeit und eine zum Besseren gewandelte Zukunft"* beinhalteten.[14]

Dann fuhr er fort und stellte fest, daß *"Marxisten und Christen in einem bedeutenden Maße Sehnsüchte aus derselben Quelle hätten, die es wiederum ermöglichten, vieles gemeinsam zu tun"*.[15]

Obwohl der Marxismus in der heutigen Welt seine Kraft verbraucht hat, zeigt diese Feststellung, woran sich der Weltkirchenrat anlehnt und wie willig seine Führer die Heilige Schrift verbiegen, um sie ihren Zielen anzupassen.

Der Glaube, daß sich Christen an den revolutionären Bewegungen in der Welt beteiligen sollen, beruht auf einem falschen Verständnis des Evangeliums. Der Herr Jesus meinte mit dem Bau des Reiches Gottes etwas anderes als Er sagte: *"Es kommt nicht so, daß man es beobachten könnte"* (Lk.17,20). Daher kann es auch nicht auf Erden errichtet werden. Stattdessen ist das Reich Gottes ein geistliches Gebäude, gebaut aus solchen Menschen, die das Evangelium Jesu Christi für sich in Anspruch nehmen und deshalb ewiges Leben ererben. Obwohl die Christen dazu berufen sind, *"allen Gutes zu tun"* (Gal.6,10), zeigt die Geschichte der Kirche folgendes: Immer dort, wo man in der kirchlichen Arbeit die soziale Arbeit stärker betonte als die geistliche, verdrängte der erstgenannte Aspekt den Letzteren. Was wir in der modernen ökumenischen Bewegung und besonders im Weltkirchenrat beobachten können, ist der Vollzug des *"sozialen Evangeliums"*. Schon vor 60 Jahren

---

[14] Christian News, 25.September 1989, S.13.

[15] ebenda.

stellte man folgende kühne Behauptung auf:

> *"Wir müssen neue Modelle, neuen Prunk, neue
> Lieder, neue Gebetsformen, neue Lobpreishymnen,
> neue Bühnenwerke schaffen, wodurch z.B. die Ar-
> beiterbewegung mit den Armen der Religion auf-
> gefangen werden kann, ebenso die Wissenschaft,
> die Friedensbewegung, das staatsbürgerliche Be-
> wußtsein, der Gemeinschaftssinn, das Familienle-
> ben und jede humane Bestrebung unserer Zeit".*[16]

Es ist kein Zufall, daß der "politische Utopismus" heute in
vielen evangelischen Kreisen zur Norm wird, in denen man
in zunehmendem Maße Unterstützung für Belange wie die
Befreiungsbewegung in der dritten Welt, Feminismus,
Friedensbewegungen und Homosexuellenbefreiung findet.
Daher steht auch in einer evangelischen Publikation die
zweideutige Behauptung, daß *"wir auf beide Seiten hören
müssen, nämlich sowohl auf die Stimme der Feministen, als
auch auf die Stimme Gottes".*[17]

Natürlich müssen wir anderen gegenüber sensibel sein,
was die Evangelisation betrifft. Doch das bedeutet nicht,
daß der Christ, der in der Heiligen Schrift verwurzelt ist, ir-
gendetwas von der weltlichen Ideologie des Feminismus
lernen könnte. Es ist sicher wahr (und sehr bedauerlich),
daß die besonderen Gaben der Frauen oft unbeachtet bleiben, ja in vielen Kirchen sogar unterdrückt werden, was auf
den Wahn gewisser Männer, die das Sagen haben, zurückzuführen ist. Jedoch sollte man den Ausweg aus diesem
Dilemma mehr im Gehorsam gegenüber den biblischen
Aussagen auf dem Gebiet des Dienstes der Frauen in der
Gemeinde suchen, statt in der Philosophie der Frauenbe-
freiung (feministischer Utopismus), hinter welchem mei-

---

[16] Charles Clayton Morrison, "The Social Gospel and the Christian
Cultus" (Harper & Bros., 1933) S.67-68.

[17] Kathy Keay (Hrsg.), "Men, Women and God" (Marshall Pickering
1987).

stens ein religiöser Ausdruck der Göttinnenverehrung und Hexerei steht.[18]

Wenn man erst einmal ein klares Verständnis und einen tieferen Einblick in die wahren Ursprünge und Ziele des Polit-Utopismus (ganz gleich, ob christlich oder nicht) gewonnen hat, der inzwischen ein radikaler Bestandteil der ökumenischen Bewegung geworden ist, dann kann dieser leicht als Betrug Satans erkannt werden, der die Gemeinde von ihrer notwendigen Mission im wahren Evangelium und Dienst ablenken soll, während er gleichzeitig Gelegenheiten schafft, die Kirche mit Ideologien zu durchdringen, die dem Wort Gottes und der Sache Christi völlig entgegengesetzt sind.[19]

All diese sozialen und politischen Aktivitäten sind das Ergebnis der Weltmissionskonferenz von Edinburgh - einer Tagung, die ursprünglich die Verbreitung des Evangeliums Christi fördern sollte. Durch die naiven Versuche, die Kirche in die Welt zu bringen, wurde die Welt in die Kirche gebracht. Im Endeffekt wurde sie zunehmend verdorben und abtrünnig. Leider versagten die Organisatoren auf dieser ersten Weltmissionskonferenz dahingehend, daß sie nicht mit denominationsspezifischen Liberalismus, Politisierung der Mission, religiöser Verdorbenheit und anderen Kräften rechneten, die ihre Organisation in etwas ganz anders umformen sollten.

Dies führt uns zur zweiten Phase der ökumenischen Entwicklung.

---

[18] Für Details über den Charakter und die Richtung des Feminismus siehe Artikel "Daughters of Babylon" in der Zeitschrift "Diakrisis" Nr.2, Frühjahr 1991.

[19] Zu einer aufschlußreichen Analyse des antichristlichen Hintergrunds des Sozialismus und Politischen Utopismus siehe z.B. Nesta Webster, "The Socialist Network" (London, 1926), und "Secret Societies and Subversive Movements" (London, 1926). Erhältlich bei Bloomfield Books, 26, Meadow Lane, Sudbury, Suffolk, CO106TD, Großbritannien.

2. Von der Ökumene zum Synkretismus
"Religionen der Welt, vereinigt euch"!

Viele Christen erkennen nicht, daß es im Weltkirchenrat über Jahre hinweg eine versteckte Umwandlung von ausschließlich interkirchlicher Ökumene hin zur synkretistischen multireligiösen Ökumene gegeben hat. Diese Ausweitung ökumenischer Gemeinschaft begann mit dem Ende der Amtszeit des ersten Generalsekretärs des Weltkirchenrates, Dr. Willem Visser't Hofft, im Jahre 1966. Er war zeitlebens ein eifriger Gegner des Synkretismus und schrieb ein leidenschaftliches Buch, in dem er diese Gefahren umreißt. Es ist eines der besten Abhandlungen zu diesem Thema überhaupt. In seinem Werk unternahm er alle Anstrengungen, um darzulegen, daß der Synkretismus

> *"eine viel gefährlichere Herausforderung für die christliche Kirche darstellt, als es ausgereifter Atheismus jemals vermag".*[20]

Kurz bevor Dr. Visser't Hooft in den Ruhestand ging, drückte er seine feste Überzeugung aus, daß das Evangelium

> *"in seiner reinsten Form ausgeteilt werden muß [...] in Übereinstimmung mit dem biblischen Zeugnis und nicht mit fremdartigen oder kulturellen Elementen vermischt werden darf".*[21]

Als er jedoch das Büro 1966 verlassen hatte, war der Weg für diejenigen in der ökumenischen Bewegung frei, die das Wort "ökumenisch" breiter anwenden wollten, so daß vielmehr die Angehörigen aller Religion mit einbezogen wurden und nicht nur die engere Welt der christlichen Gläubigen.

---

[20] Willem Adolf Visser't Hooft, "No Other Name: The Choice Between Syncretism and Christian Universalism" (SCM Press, 1963), S.10.

[21] Ein Interview in "Christianity Today" zitiert in J.D.Douglas (Hrsg.), a.a.O., S.1021.

Der universale Dialog

Dieser neue Weg wurde zuerst in Nairobi im November 1975 offenkundig, als Vertreter nicht-christlicher Religionen - Judentum, Islam, Hinduismus, Buddhismus und Sikhs - zu der 5.Versammlung des Weltkirchenrates eingeladen wurden, um Referate zu halten. Nachdem man die Bitte des neuen Sekretärs des Weltkirchenrates um *"einen Dialog mit Menschen anderer Religionen, Anhänger anderer oder gar keiner Ideologien"* gehört hatte, gingen ein paar Mitglieder hinaus (unter ihnen der Bischof von London, Graham Leonard), und protestierten wegen ihrer Machtlosigkeit, den synkretistischen Kurs zu ändern, auf den der Weltkirchenrat zusteuerte.

Um uns zu einem Verständnis der okkulten Verbindungen dieser Ereignisse zu verhelfen, möchte ich hier die aussagekräftigste Verbindung offenlegen. Der hinduistische Vertreter, der gebeten wurde, auf dieser Weltkirchenratsversammlung ein Referat zu halten, war Professor K.L. Seshagiri Rao, Herausgeber des Magazins *Insight* (Einblick), das durch eine synkretistische Organisation, bekannt als "Temple of Understanding" (Tempel der Verständigung), herausgegeben wurde. Dies stand im krassen Gegensatz zur Situation vor 13 Jahren, als der Weltkirchenrat eine Bitte um Unterstützung des "Temple of Understanding" abschlug, mit der Begründung, dieser "Tempel" sei *"gefährlich synkretistisch"*.[22]

Diese weltweite multireligiöse Körperschaft, die von ihren Gründern als "Geistliche Vereinte Nationen" bezeichnet wird, wurde 1960 in den USA ins Leben gerufen, um alle Religionen der Welt zu repräsentieren und einen interreligiösen Dialog zu fördern. Viele bekannte Persönlichkeiten haben diesem "Tempel" ihren öffentlichen Segen gegeben, einschließlich Eleanor Roosevelt, der Dalai Lama, Nehru,

---

[22] Aus einem Artikel des "Tempels der Verständigung" im Magazin "Life", Dez.1964.

Anwar Sadat, Mutter Theresa und der frühere Generalsekretär der Vereinten Nationen, U.Thant. Zu der Gründungszeit des "Tempels" sagte Dr. Albert Schweitzer: *"Meine Hoffnungen und Gebete sind mit euch bei der Verwirklichung dieses großen Tempels der Verständigung, welcher eine tiefe Bedeutung hat [...]. Der Geist brennt in vielen Flammen"*[23]. Das ist eine Anspielung auf den Gedanken, daß alle Religionen, wozu nach Meinung der Befürworter des interreligiösen Dialogs auch das Christentum gehört, verschiedene Ausdrucksarten der gleichen Gottheiten sind.

Der Tempel der Verständigung war das geistige Kind einer reichen Amerikanerin, die vergleichende Religion am Union Theological Seminary in New York studiert hatte. Bis 1963 wurde der Tempel von 6000 Politikern, Okkultisten, Prominenten, Befürwortern der Welteinheitsreligion und von multinationalen Unternehmen gesponsort, unter ihnen Robert McNamara (damaliger Verteidigungsminister der USA, später Chef der Weltbank), Finanzier John D. Rockefeller IV, Dr. Henry A. Smith (Präsident der New York Herald Tribune), James Linen (Präsident von Time Life Inc.), Milton Mumford (Präsident von Lever Bros.), Barney Balaban (Präsident von Paramount Pictures), Thomas B. Watson jr. (Präsident von IBM), Richard Salant (Präsident von CBS News), Cary Grant (Hollywoodschauspieler), Dr. Martin Israel (jetzt anglikanischer Pfarrer und berühmter Lehrer der Kirche von England), die Präsidenten von Ägypten, Indien und Israel, Vertreter der Methodistischen, Unierten, Episkopalen, Spiritualistischen, Lutherischen und Presbyterianischen Kirchen, mehrere UN Beamte und viele andere.

Seit Beginn der Gründung vor 30 Jahren hat der "Tempel der Verständigung" eine Serie höchst einflußreicher "World Spiritual Summits" (geistlicher Weltgipfeltreffen) organisiert, und zwar in Kalkutta (1968), in Genf

---

[23] Aus dem aktuellen offiziellen Traktat des Tempels der Verständigung.

(1970), an der Harvard University (1971), Princeton University (1971), Cornell University (1974) und in der Kathedrale Johannes des Göttlichen in New York (1984). Der "Tempel" stellt auch eine offizielle, nichtstaatliche Organisation innerhalb der Vereinten Nationen dar, wodurch schon viel getan wurde, um den interreligiösen Dialog zu fördern, wie wir später noch zeigen werden.

Einige Leser mögen sich fragen, was dies nun alles mit dem Weltkirchenrat und mit der Ökumene zu tun hat. Einmal reden wir von der christlichen Zusammenkunft in Edinburgh, dann von einem weltweiten Interesse für die Mission, im nächsten Moment sprechen wir von einem seltsamen Tempel, von Spiritualisten, Filmstars und internationalen Finanziers! Welche Verbindung besteht hier? Wir machten diesen Sprung, indem wir uns einfach die Einflußsphäre eines Mannes anschauten, der auf der 5. Versammlung des Weltkirchenrates eine Schlüsselfigur war. Obwohl es klar ist, daß viele heutige christliche Ökumeniker nicht das geringste Interesse am multireligiösen Synkretismus haben, machen sie den Fehler, daß sie folgende Tatsache nicht begreifen: Der Weltkirchenrat wurde einst von wohlmeinenden, jedoch naiven Christen ins Leben gerufen. Er wurde zum Brennpunkt für diejenigen, die darin das Potential für eine weltweite Körperschaft sahen, die zum Vorboten einer Weltreligion werden könnte, und nicht zu dem, was sich die ökumenische Christenheit durch ihre Gründer vorgestellt hatte. Es ist wichtig zu wissen, daß der Prozeß, der seit der Weltmissionskonferenz von 1910 bis zur Bildung des Weltkirchenrates und seiner Folgeerscheinungen zu verfolgen ist, sich nicht in einem Vakuum entwickelte. Im September 1893, nur 17 Jahre vor der Weltkonferenz in Edinburgh, tagte das "erste Parlament der Weltreligionen" in Chicago. Praktisch jede Religion der Welt war dort vertreten. Um den "ökumenischen" Charakter dieser Zusammenkunft zu zeigen, muß man sehen, daß John Henry Barrow, Pastor der ersten Presbyterianischen Kirche in Chicago, der Vorsitzende des Organisationskomitees war, während der Ablauf der Konferenz mit dem Vaterunser durch den römisch-katholischen Kardinal Gobbons eröffnet wurde. 17 Tage lang tagte das Parlament, während 140 000 Besucher zum ersten Mal den Lehren östlicher Religion ausgesetzt wurden. Die Bedeutung dieses Ereignisses für die Entwicklung des Synkretismus bestand in der Tatsache, daß eine okkulte Organisation, die Theosophische Gesellschaft, nicht so sehr über dieses Parlament, als vielmehr über die Erfüllung ihrer Ziele als "einen entscheidenden theosophischen Schritt"[24] frohlockte.

Während dieser Zusammenkunft gab es keinen Zweifel darüber, daß der hinduistische Mystiker Swami Vivekananda (1862-1902), der mit festen missionarischen Absichten von Indien nach Chicago gekommen war, der Star der Veranstaltung war. Sein Einfluß auf die Entwicklung des interreligiösen Dialogs darf nicht unterschätzt werden, wie ein Autor einräumte:

> *"Es ist wahr, daß Emerson und andere den Weg bereitet haben zur "transzendenten Religion". Jedoch wurde es Vivekananda überlassen, seinen Gedanken für Menschen mit grundverschiedenen Ansichten und Temperamenten eine praktische Anwendung zu geben".[25]*

In seinem gotteslästerlichen Buch "The Sea of Faith" (das Meer des Glaubens) äußert sich der anglikanische Priester Don Cuppit lobend über Vivekananda, indem er uns über die wichtige Tatsache informiert, daß

> *"zwei seiner Lehren Bestandteil westlichen Bewußtseins wurden. Er verbreitete die Vorstellung,*

---

[24] Carl T. Jackson, "The Oriental Religions and American Thought: Nineteenth Century Explorations" (Greenwood, 1981), S.252. Dieses Buch des Professors für Geschichte an der Universität Texas (ein Zen-Buddhist) ist ein klarer, lehrreicher Bericht über die Durchdringung westlicher Kultur mit östlichen Mystizismus im vorigen Jahrhundert.

[25] Marcus Toyne, "Involved in Mankind: The Life and Message of Vivekananda", (Ramakrishna Vedanta Centre, 1983), S.61.

daß alle Religionen eins seien, verschiedene Pfade
zum gleichen Ziel beschritten [...] nämlich die
Einheit und die wirkliche Gleichheit der Seele mit
Gott. Ferner leugnete er die christliche Vorstel-
lung von Sünde und lehrte, daß man durch ein tu-
gendhaftes Leben Gott in sich selbst erkennen
könne".[26]

Ist es denkbar, daß Christen, die den Auftrag von Christus
erhalten haben, die ungläubigen Nationen zu evangelisieren
(Mt.28,19) und die sich darüber im klaren sind, daß man
die Errettung nicht durch persönliche Anstrengung erreichen kann (Eph.2,8-10), jemals einen echten "Dialog" mit
denen führen können, die an einem solch antichristlichen
Glauben festhalten? Vivekananda, der später die einflußreiche Vedanta-Gesellschaft in den USA und Europa gründe-
te, war ein Jünger des indischen Mystikers Ramakrishna
Paramahamsa (1834-1886), dessen Meditationen

"ausnahmslos zur Offenbarung Gottes in göttli-
chen und prophetische Gestalten führten, sei es
nun die große Mutter, oder Krishna oder Jesus
oder Mohammed. Er lehrte daher die grundle-
gende Einheit aller Religionen."[27]

Der Einfluß eines solchen Denkens auf das Werk Viveka-
nandas während des ersten Parlaments der Weltreligionen
zeigt auf, daß sich der östliche Mystizismus nun in Richtung Westen bewegte, wie sein offizieller Biograph fest-
hielt:

"Swami Vivekananda sah den großen Austausch
zwischen Ost und West, der gegenwärtig stattfin-
det, voraus. Dieser Austausch könnte zu einer

---

[26] Don Cupitt, "The Sea of Faith: Christianity in Change" (BBC, 1984),
S.175

[27] John Ferguson, *Illustrated Encyclopaedia of Mysticism and the*
Mystery Religions (Thames & Hudson, 1967), S.207.

Diese Entwicklungen wurden durch andere Befürworter der Ost-West Vermischung viele Jahre zuvor ebenfalls vorausgesehen. Schon im Jahre 1851 machte der Philosoph und Mystiker Arthur Schopenhauer eine außerordentlich prophetische Aussage:

> *"Gegenwärtig nehmen wir vielleicht das Wesen des indischen Pantheismus wahr, wie es durch die Schriften der Gelehrten durchschimmert und dazu bestimmt ist, früher oder später zum Glauben für die Menschen zu werden. Ex oriente lux (vom Osten kommt das Licht) [...] In Indien wird die Christenheit weder jetzt noch in Zukunft Fuß fassen. Diese primitive Weisheit der Menschheit wird nicht etwa durch die Ereignisse des Galilei beiseite geschoben werden. Im Gegenteil, die indische Weisheit wird nach Europa zurückfließen und eine gründliche Veränderung in unserm Wissen und Denken hervorrufen [...]".*[29]

Dieser mystische Philosoph sagte hier das Phänomen voraus, das in dem Bestreben der religiösen Synkretisten der letzten Tage erfüllt wurde. Das geheime Vorhaben hinter diesen interreligiösen Zusammenkünften besteht nicht in der Förderung eines Dialogs, sondern in der beabsichtigten Unterwanderung der christlichen Länder mit östlichem Mystizismus. Vierzig Jahre nach den Niederschriften Schopenhauers stellte Vivekananda im Parlament der Weltreligionen 1893 klar, daß sein Ziel nichts Geringeres sei, als die Schaffung einer

> *"Gesellschaft, die sich aus westlicher Wissenschaft*

---

[28] "The Story of Vivekananda" (Advaita Ashrama, 1970), S.71.

[29] Zitiert bei F.Max Müller (Trans. & Ed.), "The Sacred Books of the East": Band 15 (OUP, 1900), "The Unipashads" Bd. 1, "Sacred Books of the East", S.61-62 u.64.

und Sozialismus sowie aus indischer Spiritualität zusammensetzt".[30]

Es bedarf keiner näheren Erklärung, um zu sehen, zu welchem Grad sein Ziel sich heute bereits erfüllt hat. Die neue Physik, sozio-politischer Utopismus und östlicher Mystizismus wurden durch ihre Nähe zur Gnosis in den Fragen des menschlichen Seins, der Religiosität und in dem zukünftigen Kurs der globalen Entwicklung vereint.[31]

Dreitausend Teilnehmer waren beim "Parlament" 1893 anwesend, einschließlich der Vertreter von Deismus, Judentum, Islam, Hinduismus, Buddhismus, Jainismus, Taoismus, Konfuzianismus, Shintoismus, und die drei großen Konfessionen der Christenheit. Bemerkens- werterweise lehnte der damals amtierende Erzbischof von Canterbury, Edward White Benson, die Einladung zu diesem "Parlament" ab. Als Antwort auf die Bitte um Unterstützung schrieb er:

> *"Leider kann ich einen solchen Brief, wie sie ihn gerne hätten und in dem ich der vorgeschlagenen Konferenz eine Art Bedeutung beimessen würde und damit auch ohne mein Erscheinen ein Ja zu der Sache finden würde, nicht schreiben. Die Schwierigkeiten, die ich dabei sehe, haben nichts mit der Entfernung oder mit dergleichen zu tun, sondern beruhen auf der Tatsache, daß die christliche Religion die e i n e Religion ist".*[32]

Wie die Zeiten sich geändert haben! Weniger als hundert

---

[30] John Ferguson, a.a.O., S.207

[31] Diese Erscheinung, bekannt als das Neue Bewußtsein oder die New-Age-Bewegung ist das Thema des Fortsetzungsbuches des Autors, "The Serpent and the Cross".

[32] Zitiert bei James Webb, "The Occult Underground", (Open Court, 1974), S.67-68.

Jahre später hat sein Nachfolger in Canterbury, Dr.Robert Runcie, eifrig an vielen multireligiösen Zusammenkünften teilgenommen. Unter diesen war 1986 eine synkretistische Zusammenkunft von 150 religiösen Führern aus der ganzen Welt in Assisi. Diese Versammlung wurde auch vom römischen Papst und vom Generalsekretär des Weltkirchenrates besucht, gemeinsam mit baptistischen und methodistischen Führern von Weltrang. Der Rest der Besucher dieser Zusammenkunft bestand aus Shintopriestern, Buddhisten, nordamerikanischen Medizinmännern und Schamanen anderer Volksgruppen. Es war bemerkenswert, daß die bekennenden Botschafter Christi, in Dem allein Frieden ist (Mt.10,34; Joh.14,27), gemeinsam mit einer Reihe moderner religiöser Führer, deren Glauben und Praxis Götzendienst, Zauberei und Pantheismus beinhaltet, für den Weltfrieden beteten. Der falsche Glaube an einen einzigen Fluß, der durch alle Religionen fließt, ist in Wahrheit das einzige Element, das diese Leute verbindet. Der mystische Strom fließt unter verschiedenen Namen: Gott, die Göttin, der universale Geist, die große Mutter, die Lebensquelle, Tao, Ch'i, Ki, Brahman, Atman, Allah, Kami und wie sie auch alle heißen mögen.

Während Dr.Robert Runcies Amtszeit als Erzbischof von Canterbury wurde die Kirche von England in ausschweifender Weise in die Verführungen des Synkretismus hineingezogen. Seine Anwesenheit in Assisi paßt genau zu seinen multireligiösen Überzeugungen. Es ist interessant, daß am 21.November 1983 Dr.Runcies Frau Rosalind im Lamberth Palace ein Klavierkonzert zugunsten des Weltglaubenskongresses gab. Dieser Kongress stellt eine der vier Organisationen dar, die der weltweiten interreligiösen Bewegung verpflichtet sind.[33]

Das war ein böses Vorzeichen eines sich immer weiter vertiefenden Engagements in der interreligiösen Bewegung. Am 28.Mai 1986 hielt Dr. Runcie eine *Vorlesung zu Ehren*

---

[33] Anzeige in "Interfaith News", Nr.3, Herbst 1983, S.2.

von Sir Francis Younghusband im Lambeth Palace, um das 50jährige Jubiläum des Weltglaubenskongresses hervorzuheben. In dieser Rolle folgte Dr.Runcie einer wichtigen Linie früherer "Younghusband"- Dozenten, wie z.B. Ursula King, Dozentin für Theologie an der Universität Leeds, Gründerin des *Teilhard de Chardin - Centre* in London und Autorin von *"The New Mysticism"* (Der neue Mystizismus), Sir George Trevelyan (Guru der *New Age Findhorn-Community* in Schottland) und Professor K. L. Seshagiri Rao (Herausgeber der Zeitschrift des *"Tempels der Verständigung"*). Man findet immer wieder dieselben Namen, die auf jedem Gebiet synkretistischer Aktivität auftreten. Im wachsenden Intrigennetz ist eine Sache fest mit der anderen verwoben.

Der Inhalt von Dr.Rucies Vorlesung zu Ehren Younghusbands liest sich höchst interessant. Betrachtet man seine synkretistische Anlehnung, überrascht es kaum, daß diese Vorlesung nie unter seinen veröffentlichten Predigten zu finden war. Nachdem er verschiedene heidnische Götzen und Gottheiten wegen ihrer Schönheit und Bedeutsamkeit gepriesen, "christliche" Aschrams in Indien verehrt (synkretistische hindu-katholische Schreine in Ökumenikersprache) sowie östliche Spiritualität empfohlen hatte, bekräftigte Dr. Runcie die hegelianische Vorstellung, daß *"alle Religionen von überbrückendem Charakter sind und Wege sowie Zeichen darstellen, die uns auf unserer Pilgerschaft zur letzten Wahrheit und Vollkommenheit helfen".*[34] Als wenn noch nicht genug Kompromisse gegenüber der Einzigartigkeit der christlichen Wahrheit geschlossen wären, bekannte der Erzbischof, daß zugunsten des Dialogs mit anderen Religionen, *"einige Ausschließlichkeitsansprüche der Kirche aufgegeben werden müssen".*[35]

Obwohl es stimmt, daß er, in feiner kirchlich-politischer

---

[34] Robert Runcie, "Christianity & World Religions" (World Congress of Faith - Weltglaubenskongress), S.10.

[35] ebenda, S.13.

Art, ein Desinteresse an einem einseitigen und synkretistischen Modell der Weltreligion bekundet hat,[36] zog er apokalyptische Schlußfolgerungen, indem er mit Wohlwollen das zitierte, was er als "bemerkenswerte Prophetie" Arnold Toynbees beschrieb, der darauf hinwies,

> *"daß das gegenwärtige Jahrhundert von zukünftigen Historikern hauptsächlich als eine Zeit gefeiert werden wird, in dem das erste sichtbare Zeichen einer gegenseitigen Durchdringung von östlichen Religionen und Christenheit sichtbar wurde und das den Auftakt zur großen universalen Religion des dritten nachchristlichen Jahrtausends darstellte".*[37]

Robert Runcies Nachfolger in Canterbury, Dr. George Carey, scheint gleichermaßen ein Problem mit der Einzigartigkeit des Evangeliums zu haben, durch das er eigentlich beauftragt wurde, die Nationen zu evangelisieren. Im März 1992 brach er mit einer 150 Jahre alten Tradition, indem er das Angebot ausschlug, Schirmherr des anglikanischen "kirchlichen Dienstes unter den Juden" zu werden.
Er erklärte, daß dies seinen Anstrengungen für *"Vertrauen und Freundschaft zwischen verschiedenen Glaubensgemeinschaften in unserem Land nicht hilfreich sein würde".*[38] Zu diesem Punkt mag man sich fragen, was die Queen als Oberhaupt der Kirche von England und *"Fidei Defensor"* (Verteidigerin des Glaubens)[39] von all diesen interreligiösen Aktivitäten ihrer Untertanen halten mag. Vielleicht hilft uns die Tatsache weiter, daß ihr Ehemann, der Duke of Edinburgh, als Präsident des "Weltfonds zu-

---

[36] ebenda, S.14.

[37] ebenda.

[38] berichtet in "Christian News" Bd.30, Nr.44, 30.Nov. 1992, S.6.

[39] Das kann man immer noch auf jeder britischen Münze sehen, und zwar neben dem Datum als "D.G.Reg.F.D."

gunsten der natürlichen Umwelt" (Worldwide Fund of Nature), das 25jährige Jubiläumstreffen im September 1986 *in Assisi* leitete. Das Hauptthema war die Verbindung zwischen Naturerhaltung und Weltreligionen. Zu diesem Thema hielt der Duke eine Rede, in der er den "fünf großen Glaubensrichtungen der Welt" empfahl, *"zusammenzukommen und zu hören, Ausblicke miteinander zu teilen, die aus spirituellen Erfahrungen und aus den Schätzen der Weisheit und der Verständigung kommen, welche diese großen Religionen im Laufe der Jahrhunderte erlangt haben".*[40]

Das der Weltfonds auf den ökumenischen, interreligiösen Zug aufgesprungen ist, überrascht kaum. Die Verbindung zwischen der Erde und der menschlichen "Spiritualität" ist seit Jahrtausenden die anti-monotheistische Domäne des Heidentums. **Der Fruchtbarkeitskult, der im ständigen Konflikt mit dem Volk Israel stand, war eine klassische Ausdrucksform davon.** Heute haben die "Grünen" und die Ökologen diese pantheistischen Konzepte wiederbelebt, indem sie auf die Bezeichnung "Gaia" für den Planeten verweisen - die griechische Göttin und der Name für die Mutter Erde,[41] von Polytheisten oft als "die älteste aller Gottheiten" benannt.[42] Auch wenn ein gesundes Interesse an der Umwelt und ihrer Natur völlig biblisch ist (1.Mo.1,26-31; 2,15; 5.Mo.25,4; Spr.12,10), zeigt eine kurze Prüfung, daß es in vielen Bereichen der heutigen "grünen Politik" und Ökologie eine große Wiederbelebung alten Heidentums und pantheistischen Fruchtbarkeitskults

---

[40] Aus der Rede des Duke of Edinburgh während des Gottesdienstes des "Weltfonds zugunsten der natürlichen Umwelt" in Assisi am 2. Sept. 1986, live auf BBC Radio 4.

[41] Siehe z.B. J.E. Lovelock, "Gaia" (Oxford University Press, 1979).

[42] Barbara G. Walker (Hrsg.), The Womens Encyclopedia of Myths and Secrets (Harper & Row, 1983), S.332.

in Verbindung mit der Natur gegeben hat.[43] Parallel zu dieser Entwicklung haben Leute mit Bestrebungen zum Welteinheitssynkretismus ständig Umweltgruppen und andere Organisationen von internationalem Einfluß unterwandert, um ihre Ziele zu erreichen. Die weltweiten Auswirkungen dieser Aktivitäten werden in zunehmendem Maß in der verbleibenden Zeit dieses Jahrzehnts den Scheideweg der Kirchengeschichte deutlich machen.

Die kommende Konföderation der Religionen

Die Informationen, die wir bisher vermittelt haben, zeigen in unmißverständlicher Weise das Muster aller gegenwärtigen internationalen kirchlichen Entwicklungen. Wir sind Zeitzeugen des Höhepunkts einer fortschreitenden Vereinigung aller Religionen, Philosophien und Glaubensrichtungen der ganzen Welt zu einer ökumenischen Konföderation, die sich durch das gesamte Jahrhundert zieht. Viele Christen weisen dies als eine pessimistische Spekulation ab. Doch tun sie das entweder aus Unwissenheit oder in einer Vogel-Strauß-Manier.

Wir sprechen nicht speziell von einer monolithischen Welteinheitsreligion, denn das wäre aus der Sicht des unterschwelligen Separatismus und der trennenden Dogmen aller Denominationen, Kulte, Sekten und Religionen praktisch unmöglich. Doch wir sehen einer Zukunft ins Auge, die darin besteht, daß alle Religionen wie eine einzige Körperschaft, ähnlich den Vereinten Nationen, zusammenarbeiten und bekunden, eine gemeinsame Seele zu besitzen, gleichzeitig aber ihre eigenen Identitäten beibehalten. Wie dem auch sei, dieses Bündnis der Religionen wird sich, trotz ihrer Unterschiede, auf folgenden drei Gebieten sehr

---

[43] Dies wird offensichtlich durch Zeitschriften wie z.B. "Women for Life on Earth" (Die auch das Greenham Common Peacecamp starteten), "The Sacred Trees Trust Newsletter" und "Resurgence" (herausgegeben von Satish Kumar).

einig sein:

1. Das Festhalten an dem Gedanken, daß sich *alle* Religionen (wobei das Christentum fälschlicherweise mit eingeschlossen ist) den gleichen Gott teilen und in ihren Zielen und Bestrebungen eins sind.

2. Der Wunsch, dauerhaft und global, Frieden und Gerechtigkeit durch eine Form der Weltregierung zu schaffen, die als Konföderation z.B. den Vereinten Nationen ähnelt.

3. Die Propagierung der Vorstellung, daß die biblische, apostolische und evangelische Christenheit ein Hindernis für "evolutionären" Fortschritt und geistliches Wachstum auf diesem Planeten darstellt.

Das sind die Bereiche des gemeinsamen Ziels, welche eine Art "geheimen Ablaufplans" der ökumenischen- und interreligiösen Bewegung darstellen, die jetzt überall auf der Welt am Werke sind.

Was sagt die Bibel zu diesem Vorhaben? Es gibt sicherlich eine Parallele zum "Geheimnis der Gesetzlosigkeit", das schon zur Zeit des Apostels Paulus begonnen hatte und gegenwärtig zum größten je dagewesenen Betrug führt, um die Gemeinde zu verschlingen (2.Thes.2,1-12). Dieses "Geheimnis" beinhaltet den Abfall vom Glauben und den Bau einer weltweiten Konföderation, die weit über die Grenzen der Kirche hinausgeht. Es ist der Höhepunkt und die Erfüllung des politischen und religiösen Konglomerats, das Satan auf der Erde aufbaut, und zwar durch die Überlegungen sündiger Menschen. Dies geschieht, seitdem der Dreieine Gott Satans Ziele in Babel durchkreuzte, nämlich in der Ebene von Sinear (1.Mo.11,1-9; Offb.13,1-18; 17,8-18).

Im Laufe dieses Jahrhunderts haben sehr schnelle Veränderungen in den geistlichen Kreisen der Weltreligionen auf dem Gebiet der Zusammenarbeit stattgefunden. Als das Gebot zur ökumenischen Einheit in Edinburgh seinen An-

fang nahm, wurde jenen Kräften der Weg in die daraus re-
sultierenden Organisationen geebnet, die aus dem weitge-
fächerten Enthusiasmus für vergleichende Religionen und
aus dem Parlament der Weltreligionen von 1893 hervorgegangen waren. Kurz nach der weltweiten Konferenz für
praktisches Christentum in Stockholm 1925 wurde ein of-
fenes interreligiöses Treffen gehalten: die weltweite Religiöse Friedenskonferenz. Am Ende mußte sogar Dr.Visser't
Hooft, erster Generalsekretär des Weltkirchenrates, folgendes sagen:

> *"Einige führende Männer aus Stockholm ver-
> wischten das Bild, indem sie kurz nach der
> Konferenz in Stockholm eine Bewegung organi-
> sierten, die sich die "Weltweite Religiöse Frie-
> denskonferenz" nannte und die von sich behaupte-
> te, keine Religionsvermischung zu wollen, tatsäch-
> lich aber durch die Veröffentlichung eines aus
> Schriften aller Religionen bestehenden Andachts-
> bzw. Gebetsbuches in Richtung Synkretismus mar-
> schiert".*[44]

1930, als die "Laymens Foreign Missions Inquiry" (An-
hörung betreffs der Laienmitarbeiter in Außenmissionen)
abgehalten wurde, lautete eine der Hauptschlußfolgerungen
dieses einflußreichen Berichts wie folgt: *"Der Christ sollte
mit all jenen Kräfte innerhalb solcher religiöser Systeme
zusammenarbeiten, die sich für Gerechtigkeit einsetzen".*[45]

Der notwendige Kontrast zwischen Kirche und antichristlichen Kräften in der Welt wurde damals in einem
noch nie dagewesenen Ausmaß verwischt. Die Einflüsse,
die die Bewegung in Richtung interreligiöser Ideologie
trieben, beschränkten sich jedoch nicht nur auf abtrünnige
kirchliche Kreise. Eine andere aufschlußreiche Verbindung
wird deutlich, wenn man sieht, daß dem "Ökumenischen

---

[44] W.A.Visser't Hooft, a.a.O. S.108-109

[45] W.E. Hocking, "Rethinking Missions", Harper, 1932, S.326-327.

38

Institut" des Weltkirchenrates in Boissy, in der Nähe von Genf, 1.000.000 Dollar von John D. Rockefeller bewilligt wurden, dem internationalen Finanzier und Eigentümer der renomierten Chase-Manhattan Bank.[46] Später im Verlauf unserer Erörterung werden wir verstehen, warum es eine Verbindung zwischen den internationalen Finanzkräften und der weltweiten Ökumene geben muß.

Bemerkenswerterweise sagte der ursprüngliche Organisator der Weltmissionskonferenz von 1910, John Mott, gegen Ende seines Lebens, daß er *"ernste Bedenken gegenüber einer weltweiten Körperschaft habe, die nicht missionarisch motiviert ist, und daß es zu befürchten ist, daß der Weltkirchenrat den Internationalen Missionsrat verschlingen könnte".*[47] Solche Befürchtungen hatten ihren guten Grund, denn die zweite Abweichung von der "Ökumene der ersten Phase" ging mit der Abschaffung missionarischer Anliegen aus dem Internationalen Missionsrat einher, als diese Organisation 1961 durch den mehr und mehr synkretistischen Weltkirchenrat aufgesaugt wurde. Somit hatte der Weltkirchenrat erfolgreich einen einst starken Arm internationaler christlicher Missionsarbeit unter die Fittiche der ökumenischen Bewegung bekommen, die im Begriff war, mit der Welt einen Kompromiß zu schließen. Die Bühne war nun frei für die dritte und letzte Phase in der ökumenischen Entwicklung.

---

[46] Time Magazine, 8.Dez. 1961.

[47] C.Howard Hopkins, a.a.O. S.689.

3. Vom Synkretismus zum Universalismus
"Menschen der Welt, vereinigt euch"!

Im ökumenischen Denken vollzog sich eine größere Wende, als es eine kleine, jedoch weitreichende Veränderung in der Definition des Wortes "Ökumene" gab. In seiner BBC-Vorlesung 1978 wies Dr. Edward Norman, Dekan des Peterhouse College, Cambridge, auf die Tatsache hin, daß

> *"Das Wort "ökumenisch" seine Bedeutung geändert hat und jetzt vom Weltkirchenrat in dem Sinne benutzt wird, daß nicht nur die Gemeinschaft innerhalb der christlichen Körperschaften gemeint ist, sondern die innerhalb der gesamten Menschheit".*

Infolge der Wende der ökumenischen Bewegung, wurde nun das Konzept "Einheit und Einigkeit der ganzen Schöpfung" mit einbezogen. Dies sind die neuen Modewörter in ökumenisch gesinnten Kirchen, die, gemeinsam mit der utopisch-idealistischen Phrase von "Frieden und Gerechtigkeit", einen Teil des Slogans des gegenwärtigen Evangelistischen Jahrzehnts in Großbritannien bilden. Dieses Konzept der "Einheit aller Schöpfung" in ökumenischen Angelegenheiten betont nicht so sehr die gemeinsame Grundlage aller christlichen Denominationen, sondern vielmehr die Vorstellung vom gemeinsamen Kern der ganzen Schöpfung. Anders gesagt besteht für die neue Generation von Ökumenikern die Bedeutung "christliche Einheit" **in der Bruderschaft der Menschen und nicht in der Einheit der Kinder Gottes - also vielmehr in den irdischen Bindungen des ersten Adam statt im Leib Christi.**

Das ist sicherlich eine höchst schädliche Entwicklung, die viele Gläubige vielleicht überhaupt noch nicht wahrgenommen haben. Anstatt daran festzuhalten, daß Christen die wahre Botschaft des Evangeliums in die ganze Welt tragen und somit die Schwierigkeiten und Anfeindungen ertragen, die natürlicherweise auftauchen werden (und die der Herr Jesus selbst in Mt.10,32-42 und Joh.15,19 voraussagte), lehrt die ökumenische Bewegung, daß in jeder Person ohne Vorbedingung ein Funken Gott wohnt, der zu einer Flamme entzündet werden kann, indem man verschiedene mystische Techniken praktiziert, die man in allen religiösen Systemen der Welt finden kann. Auf diese Weise wird wahre Geistlichkeit als ein Mittel dargestellt, durch das ein Mensch persönliches "Gottesbewußtsein" erfahren kann.

Der Grund dafür liegt auf der Hand: Weil sich die neue ökumenische Bewegung nicht länger auf das einfache Verlangen beschränkt, das Evangelium in der ganzen Welt bekanntmachen zu wollen, hat sie die Einzigartigkeit verloren, die für die Ausbreitung der Wahrheit notwendig ist. Auf diesen Umstand wird in der theologischen Literatur oft unter der Bezeichnung "Antithese" verwiesen, jenen von Gott eingesetzten Gegensatz zwischen Gottes Volk und den Kindern der Welt (1.Mo.3,15; Lk.12,51; Joh.7,43). Wenn diese notwendige Antithese entfernt wird, wird das Werk der Kirche nicht mehr zu unterscheiden sein von den progressiven, humanistischen Bestrebungen der Nationen und den geistlichen Zielen der New Age-Bewegung. Diese wollen ein weltweites Bewußtsein aufbauen - eine universale Bruderschaft nach dem Strickmuster der Menschlichkeit, die aus dem Stoff der Weltreligionen gewoben wurde. **Aus diesem Grund ist religiöser Synkretismus und Universalismus die größte Bedrohung für das christliche Zeugnis der Kirche, nachdem diese bereits im 4. Jahrhundert durch den Arianismus beinahe zerstört worden war.**

Wir haben bereits gesehen, daß es 1975 eine wirkliche Beschleunigung in interreligiösen Fragen gegeben hat, und zwar auf der fünften Versammlung des Weltkirchenrates in Nairobi. Im selben Jahr beteiligten sich die Vereinten Nationen an der Förderung der interreligiösen Aktivitäten, indem sie für ein "Spirituelles Gipfeltreffen" als Gastgeber auftraten, wodurch eine Bewegung vom Synkretismus hin zu vollem Universalismus angekündigt wurde. Diese Konferenz, das erste internationale religiöse Meeting in der UNO während ihrer 30jährigen Geschichte, stand unter dem hochinteressanten Motto *"Eins ist der menschliche Geist"*. Organisiert als Feier zum 30. Jubiläum der UNO durch den "Tempel der Verständigung" (eine offizielle nichtstaatliche Organisation innerhalb der UNO) wurde das Meeting zuerst in der Episkopalen Cathedral of St.John the Divine in New York abgehalten und endete in einem Abschlußmeeting im UNO-Hauptquartier. Nach den Eröffnungsmeditationen durch den offiziellen UN Meditationslehrer Sri Chinmoy und einem offiziellen Willkommensgruß durch den Generalsekretär der Vereinten Nationen, Kurt Waldheim, gab es Ansprachen von Vertretern der "fünf größeren Glaubensrichtungen", wobei Mutter Theresa das Christentum vertrat. Kurz zuvor teilte der Chef des Sufi-Ordens der Presse mit, daß

> *"die politischen Führer sich irgendwie bankrott und verzweifelt fühlen und die Notwendigkeit für spirituelle Einheit erkannt haben [...]. Deshalb öffnen sie uns ihre Türen".*[48]

Auf dieser Weise wurden globale Religionen und weltliche Regierungen unumkehrbar miteinander verflochten. Der Vorsitzende des "Spirituellen Gipfeltreffens" der UNO, Jean Houston (Präsident der New Age- fördernden "Foundation for Mind Research" [Stiftung für Gedankenforschung]) und Mitautor des Buches "Varieties of Psychedelic Experience" (Die Vielfalt psychodelischer Erfahrungen), stellte in der Presse fest, daß

> *"Wir unsere Wurzeln, die sich in tieferen spirituellen Wirklichkeiten befinden, erneuern müssen, und zwar nach dem Bild des Eins-Seins und im Eins-Sein der Menschheit. Wir müssen die grundlegen-*

---

[48] The Inquirer, Vernon, Connecticut, 18. Oktober 1975.

den Quellen des Mensch-Seins in Anspruch neh-
men und die Wurzeln der Existenz anzapfen".[49]

Verschieden Rituale (einschließlich einer "kosmischen Messe"), Tänze und Diskussionen wurden im Verlauf des einwöchigen Ereignisses abgehalten. Gastgeber an der New York Cathedral of St.John war ihr synkretistischer Dekan, Rev. James P. Morton. In seiner Eröffnungsrede erinnerte er sich mit Bewunderung an ein paar Worte aus der Schlußrede von Thomas Merton auf der ersten spirituellen Weltgipfelkonferenz des Tempels der Verständigung in Indien 1968. In dieser Rede sprach der Priester von einer bedeutungsvollen Einheit unter allen Menschen, als er die versammelten Delegierten aus jeder Religion mit folgenden Worten ansprach:

> *"Nicht daß wir eine neue Einheit entdecken. Wir*
> *entdecken eine alte Einheit. Meine lieben Brüder,*
> *wir sind bereits eins. Doch in unseren Vorstellun-*
> *gen sind wir es noch nicht. Und was wir wiederbe-*
> *leben müssen, ist unsere ursprüngliche Einheit.*
> *Wir müssen das sein, was wir bereits sind"*.[50]

Hier können wir sehen, daß die moderne interreligiöse Bewegung auf der Grundlage eines gefallenen adamitischen Menschengeschlechts steht, und nicht auf der des erneuerten Menschen durch Christus. Dies steht aber im Gegensatz zur Bibel, die lehrt, daß es in der adamitischen Einheit nur Sünde, ewigen Tod und Versklavung unter Satan gibt. In der wahren christlichen Einheit dagegen gibt es geistliche Heilung, ewiges Leben und Befreiung aus den Ketten des Teufels (Röm.5,12 ff; 1.Kor.15,20-23.45-50; Kol.1,13; Joh.6,48-58; Apg.26,17-18).

---

[49] ebenda.

[50] The New York Times, Dienstag, 21.Oktober 1975.

Die Religion der Neuen Weltordnung

Historisch gesehen fing die Verführung der Vereinten Nationen in den Synkretismus während der Amtszeit von zwei früheren Generalsekretären der UNO, Dag Hammarskjöld (1953-1961) und U.Thant, woran ein früherer Mitarbeiter des Generalsekretärs, Dr. Robert Müller beteiligt war, an. In seinem Buch über die Philosophie von Pierre Teilhard de Chardin stellte Dr.Müller fest, daß

> *"Dag Hammarskjöld, der kluge nordische Ökonom, schließlich zum Mystiker wurde. Er hielt auch am Ende seines Lebens daran fest, daß die Spiritualität letztlich der Schlüssel zu unserem Erdenschicksal in Raum und Zeit ist".*[51]

Falls die Leser wissen möchten, was für eine Art "Spiritualität" Dag Hammarskjöld vertrat: In einem Traktat über den Meditationsraum der Vereinten Nationen, das unter seiner Regie geschrieben wurde, wird behauptet, daß der unheimliche Magneteisenstein-Altar *"Gott geweiht ist, dem viele Menschen unter vielen Namen und in vielen Formen anbeten".*[52]

1973 bildete der UNO-Generalsekretär U.Thant, der außerdem ein buddhistischer Mystiker war, die Organisation "Planetary Citizens" (Bürger dieses Planeten), gemeinsam mit Donald Keys, einem internationalen New-Age-Aktivisten, der auch enge Verbindungen zur okkulten Findhorn-Community pflegt. "Planetary Citizens" ist eine einflußreiche, nichtstaatliche Organisation innerhalb der UNO, die im besonderen beschrieben wird als der Aufgabe verpflichtet, *"die Menschen für die kommende neue Kultur*

---

[51] Robert Müller (Hrsg.), "The Desire to be Human: A Global Reconnaissance of Human Perspectives in an Age of Transformation" (Miranana, 1983), S.304.

[52] zitiert bei R.K.Spenser, "The Cult of the All-Seeing Eye" (Christian Book Club of America, 1962), S.9.

vorzubereiten".[53]

Eine weitere wichtige Figur im wachsenden Bekenntnis der Vereinten Nationen zum Thema interreligiöser Universalismus ist Dr. Robert Müller. 1948 kam er zum ersten Mal zur UNO und war für mehrere Jahre Mitarbeiter des Generalsekretärs. Heute ist er der einflußreiche Kanzler der Universität des Friedens der Vereinten Nationen. Als Herausgeber und Mitautor des Buches zu Ehren von Teilhard de Chardin, der "die Vereinten Nationen immer als die institutionelle Verkörperung seiner Philosophie angesehen hatte",[54] stellte Dr. Müller fest, daß er *"glaube, daß die Menschlichkeit auf diesem wunderbaren, herrlichen, vor Leben strotzenden Planeten ein gewaltiges Ziel zu verfolgen hat und daß soeben der Anfang einer größeren Umwandlung innerhalb der Evolution stattfindet".*[55] In dieser Hinsicht ist es auch interessant zu beachten, daß Dr. Müller auch ein Buch mit dem Titel *"Shaping a Global Spirituality"* (Gestaltung einer weltweiten Spiritualität) geschrieben hat. In einem anderen Buch von Dr. Müller, "Decide to Be" (Entschließe dich, zu sein), gewinnen wir dahingehend einen Einblick in die "Spiritualität", daß die interreligiöse Bewegung durch die Ämter der UNO aufgebaut wird.
In einem Abschnitt lesen wir:

> *"Entschließe dich, dich Gott zu öffnen, dem Universum, all deinen Brüdern und Schwestern und deinem eigenen Ich [...], dem Potential der Menschheit, der Unbegrenztheit deines eigenen Ichs, und du wirst zum Universalen werden [...], du wirst zur Unbegrenztheit werden, du wirst auf lange Sicht zum wirklichen, göttlichen, phantastischen Selbst werden".*[56]

---

[53] Gordon Melton (Hrsg.) "The New Age Encyclopedia" (Gale Research Inc. 1990), S.357.

[54] Robert Müller (Hrsg.), a.a.O., S.304.

[55] ebenda, S.17.

[56] R.Müller, "Decide to Be", S.2, veröffentlicht im New Age Journal

Als ein weiteres Zeichen für das Ausmaß der Verwicklung der Vereinten Nationen in die interreligiöse Bewegung, vom Synkretismus hin zum religiösen Universalismus, wurde bei der UNO am 15. April 1992 ein Meeting abgehalten, auf dem der katholische Theologe Professor Hans Küng über folgendes Thema sprach: *"Globale Verantwortung - eine neue Weltethik, eine neue Weltordnung"*. Gemeinsam organisiert vom "Tempel der Verständigung" und der "Pacem in Terris Society" (Gesellschaft für Frieden auf Erden), besucht von etwa 200 Gästen im Dag Hammarskjöld - Auditorium, lautete die Schlußfolgerung des Meetings wie folgt:

> *"Die Vereinten Nationen haben das Potential, uns auf dem Weg zu weltweiten ethischen Erwägungen zu führen. Die Goldene Regel bietet den Kern für das, was einmal die Deklaration einer Weltethik sein könnte. Die UNESCO konzentriert sich auf diese Vorstellung [...]. Das Thema wird ebenfalls auf dem Parlament der Weltreligionen untersucht werden, das 1993 in Chicago abgehalten werden soll".*[57]

Die sogenannte "Goldene Regel", daß wir uns anderen gegenüber so benehmen sollen, wie wir es von ihnen uns gegenüber erwarten, wurde von vielen in der interreligiösen Bewegung als Ausgangspunkt für synkretistischen Universalismus benutzt. Da dieser Ausspruch sowohl in allen Religionen der Welt als auch in der Bibel gefunden wird, wird daraus geschlossen, daß diese und die Christenheit dieselben grundlegenden Ziele hätten. Somit entsteht ein reduziertes religiöses Ideal, das die Fülle und die nötige Abgrenzung des Evangeliums von Jesus Christus leugnet.

Viele andere Gruppen und Konferenzen haben zu dieser

"Link Up" 1986.

[57] Aus dem Rundbrief des Tempels der Verständigung, Sommer 1992, S.1.

neuen, universalistischen Phase der interreligiösen Aktivitäten beigetragen. Die britische Organisation, die bei der Errichtung dieses neuen Universalismus an vorderster Front stand, ist die National Association of Christian Community and Networks, die seit 1981 im Selly Oak College in Birmingham ihren Sitz hat. Früher unter dem Namen *National Centre for Christian Communities and Networks* bekannt, behauptet diese Organisation, die *"mannigfaltigste und daher ökumenischste Körperschaft christlicher Gruppen zu sein, die in Großbritannien miteinander verbunden sind"*.[58]

In einem Bericht für den *"Lent '86 Inter-Church Process"* (interkonfessionelle Aktion Fasten'86), der 1986 durch den Britischen Kirchenrat gefördert wurde, (bekannt unter *"Nicht Fremde sondern Pilger"*), antwortete NACCAN auf die Frage "Wozu bloß ist die Kirche da?". Die Schlußfolgerungen liefern eine klassische Beschreibung der neuen universalistischen Ökumene. In einem besonders hervorstechenden Abschnitt glauben NACCAN-Gruppen, daß die Kirche für die Umwandlung der Welt in ein Reich Gottes existiert. Eine Antwort verriet, daß die Kirche gerade dabei sei, *"die Lehre von Jesus Christus zu entfleischen"*. Unter den vielen Vorschlägen zur Unterstreichung der Lehren Christi war die *"Entwicklung und Erhaltung unseres Planeten"*, und das *"Wachstum und die Entwicklung einer einzigen Familie der Menschen auf Erden"*.[59]

Ein Nachrichtendokument zeigt, daß es über vierhundert politische und religiöse Organisationen gibt, die lose Verbindungen zum NACCAN haben, wozu einhundert römisch-katholisch-ökumenische Gruppierungen gehören. Obwohl die Entwicklung von NACCAN nicht sonderlich herausstach, war sie doch fest verwurzelt und verbunden mit Organisationen wie *"One for Christian Renewal"* (Eins

---

[58] "Towards a New Vision of Church" (NACCAN, Sept. 1986).

[59] ebenda, S.3-5.

für christliche Erneuerung), einer radikalen politischen Gruppierung von Baptisten, Methodisten und römischen Katholiken, die 1970 gebildet wurde; sowie mit der *"Christliche Friedenskonferenz"*, einer früheren sowjetischen Frontorganisation, entstanden in Prag 1958, die weltweit innerhalb der christlichen Kirchen arbeitet und von der internationalen Abteilung der kommunistischen Partei kontrolliert wurde.

Der NACCAN-Bericht *"Hin zu einer neuen Vision der Kirche"* beinhaltete das Bekenntnis zur sogenannten "neuen Form der Kirche", die durch kleine, gewissermaßen autonome Gruppen und Netzwerke arbeitet - eine genaue Beschreibung der unheimlichen Nähe zum "Netzwerk" der New-Age-Bewegung. Unter den Gruppen, die Beiträge zu dieser Konferenz und zu diesem Bericht geliefert haben, befand sich die *Christian Campaign for Nuclear Disarmament (CCND)* (christliche Kampagne für nukleare Abrüstung), die anglikanische, New-Age-propagierende St. James Church Piccadilly, die christliche Ökologiegruppe, die römisch-katholische pazifistische Gruppe "Pax Christi" und das synkretistische Teilhard de Chardin Centre in London. Für den Leser, der sich vielleicht fragt, wie denn diese "neue Form der Kirche" aussehen soll, wird es interessant sein, daß die Gründerin des Teilhard de Chardin Centre und Dozentin an der theologischen Universität Leeds, Dr. Ursula King, sagte, daß *"wir eine globale, weltweite Ökumene brauchen, die über die Ökumene der christlichen Kirchen hinausgeht, indem sie wahrhaft universal ist"*.[60] In ihrem Buch *"Towards a New Mysticism"* ruft Dr. King zu einer religiösen Konföderation der Glaubensrichtungen der Welt auf, und zwar mit folgenden Bemerkungen:

> *"Das volle Wissen um die religiöse Erfahrung der Menschheit könnte etwas hervorbringen, was wir "globales religiöses Bewußtsein" nennen. Dies*

---

60 Ursula King, "Towards a New Mysticism: Teilhard de Chardin and Eastern Religions" (Collins, 1980), S.226.

*könnte eine gründliche Umwandlung, eine Ver-
änderung religiösen Bewußtseins und ein neues
Erwachen über den Kernpunkt allen Glaubens
sowie über echte Spiritualität mit sich bringen
[...]. Die Erfahrung einer sich entwickelnden
weltweiten Gesellschaft wird von dem Gedanken
begleitet, daß wir ein neues Bewußtsein und eine
neue Identität als Weltbürger entwickeln
müssen".* [61]

In all diesen Entwicklungen können wir den reichlich aus-
gestreuten Samen sehen, der die neue universalistische An-
näherung an die christliche Ökumene hervorbringen wird,
wobei "Reich Gottes" und "Reiche der Welt", "neutesta-
mentliches Gottesvolk" und "adamitisches Menschen-
geschlecht" verwechselt wird. Es wird jedoch nicht aus-
reichen, kritisch zu urteilen, oder sich als besorgte Christen
mit leeren Worten zu diesen Dingen zu äußern. Wir müssen
darum kämpfen, all die Kräfte wirklich zu begreifen, die zu
diesem Phänomen geführt haben und wodurch so viele
Menschen in den Kirchen unserer Zeit getäuscht wurden.
Diese Kräfte sind: nationale Sünde und Unglaube, das
Unterschätzen (oder sogar Leugnen) der Kraft Satans,
Unkenntnis über den teuflischen Ursprung der Religionen
der Welt und so weiter. Wenn wir tatsächlich um das
Verständnis dieser Phänomene ringen, werden wir
schließlich die besondere Rolle erkennen, die der Vatikan
in diesem evolutionären Prozeß gespielt hat. Dazu werden
wir jetzt kommen.

---

[61] ebenda, S.229-230.

4. Die Verbindung zum Vatikan

Auf den bisherigen Seiten haben wir die Verbindung zwischen der christlichen Ökumene und dem religiösen Synkretismus nur auf protestantische Körperschaften hin überprüft. Jedoch wurde dieser Prozeß auch von der römischen Kirche gestützt. Der Weltkirchenrat schließt die römisch-katholische Kirche deshalb nicht ein, weil der Vatikan sich immer noch als einzig wahre Kirche sieht und behauptet, in echter "apostolischer Nachfolge" zu stehen. Dazu gehört auch das oberste Primat und die ex cathedra-Unfehlbarkeit des Papstes als Oberhaupt der Kirche, sowie der davon abgeleitete Anspruch, ihr alleiniger Vertreter auf der ganzen Welt zu sein. Jedoch hat die monolithische Kirche Roms ihr eigenes, internationales ökumenisches Programm entwickelt, sowohl auf Konfessions- als auch auf multireligiöser Ebene.

Die wachsende, weltweite Macht des Weltkirchenrates in den fünfziger Jahren muß der römischen Kirche sowohl einen einschüchternden als auch einen verlockenden Ausblick gebracht haben. Einschüchternd deshalb, weil der "Gegner" ihr die Schau stehlen könnte und verlockend, weil die Möglichkeit bestand, mehrere protestantische Gruppierungen unter ihre Obhut zu bekommen. Zieht man den römischen Glauben in Betracht, daß "das katholische apostolische Werk auf der sicheren Grundlage steht, daß wir Glieder der einen und sichtbar vereinten Kirche Christi sind",[62] kann man sich die gemischten Gefühle des Vatikans zu dem Studienführer, der die zweite ökumenische Konferenz des Weltkirchenrates 1954 betraf, vorstellen, in dem zu lesen war:

> *"Unsere erste Aufgabe ist es, die Bedeutung der*

---

[62] John.M.Todd, "Catholicism and the Ecumenical Movement" (Longmans, Green & Co., 1956), S.95. John Todd wirkte beim Aufbau des römisch-katholischen, ökumenischen Verlagshauses Darton, Longman & Todd (D.L.T.) mit.

*soeben gemachten Feststellung zu erfassen, näm-
lich daß das Eins-Sein in Christus das sichere Er-
kennungszeichen der christlichen Kirche ist.
Glauben wir das? Sind wir bereit, die Konsequen-
zen eines solchen Glaubens zu tragen? Laßt uns
schnell begreifen, daß es außerhalb von Christus
keine Kirche gibt. Daß Christus und seine Kirche
eins und unteilbar ist, gilt ein für allemal [...]. Es
kann nicht länger mehrere Kirchen geben, wie es
auch nicht mehrere Christusse gibt oder mehrere
Menschwerdungen, Kreuzigungen oder Heilige
Geister. Die Kirche ist eins so wie Christus eins
ist".*[63]

Der Vatikan begann zu erkennen, daß sich eine kraftvolle,
weltweit protestantisch ökumenische Bewegung durch den
Weltkirchenrat etabliert hat. Es mußte etwas getan werden,
wenn die Kirche, die nach weltweiter christlicher Herrschaft strebte, daraus einen Nutzen ziehen wollte. Dementsprechend verkündete Papst Paul VI. im "Dekret über die
Ökumene" (1964) auf dem zweiten Vatikanischen Konzil
eine größere Veränderung in der offiziellen katholischen
Haltung anderen Denominationen und auch anderen Religionen gegenüber. Obwohl die historische Behauptung, daß
*"die universale Hilfe zur Errettung nur durch die Katholi-
sche Kirche Christi in all ihrer Fülle erlangt werden
könne"*, beibehalten wurde, war die römische Kirche zum
ersten Mal in der Geschichte bereit zuzugeben, daß sich
echte Christen, "abgesonderte Brüder", auch außerhalb der
Herde Roms befanden.[64] Der Vatikan war jetzt sehr eifrig,
diese "abgesonderten Brüder" in ihr "rechtmäßiges Zu-
hause" zurückzuführen. Rom übersah auch nicht, daß es
schon vor dem Dekret des Zweiten Vatikanischen Konzils

---

[63] ebenda, S.65.

[64] Walter A.Elwell (Hrsg.), "Evangelical Dictionary of Theology" (Baker
Book House, 1984) S.341, Artikel über Ökumene (Ecumenism).

in anderen Denominationen eine Rückkehr zur "Norm zentraler katholischer Tradition" gab.[65] Zu dieser Zeit entstand zunehmend ein römisch-katholisches Bewußtsein dafür, daß in anderen Denominationen

> *"dieser Trend nicht zu leugnen ist. Viele Lehrer, die einst unter dem kirchlichen Bann standen, gewinnen langsam ihre Akzeptanz zurück. Und mit ihnen kommen die katholischen Praktiken. Es steht den Katholiken nicht an, verächtlich auf diese Entwicklungen zu schauen, sondern für die Schritte dankbar zu sein, die jetzt langsam aber sicher zurück zur Normalität getan werden, und dafür, daß wir darin sehen, wie Gott diese Körperschaften zu ihrer letztendlichen Rückkehr in die volle Gemeinschaft vorbereitet".[66]*

Um jedoch nicht zu vergessen, was volle Gemeinschaft für die römische Kirche bedeutet, müssen wir uns nur folgende Aussage vergegenwärtigen:

> *"Jede Rückkehr, ganz gleich, ob es sich um Körperschaften oder einzelne Personen handelt, **muß die Anerkennung des Papstes als Stellvertreter Christi mit einschließen.** Wenn jemand einmal zur Erkenntnis dieser Wahrheit gelangt ist, kann er nicht außerhalb der katholischen Gemeinschaft bleiben, ansonsten würde er Christus in Gestalt seines irdischen Stellvertreters den Gehorsam verweigern".[67]*

Um die "abgesonderten Brüder" zu einer Rückkehr nach Rom zu locken, wurde die Errichtung eines ständigen *"Sekretariats zur Förderung christlicher Einheit"* in die

---

[65] John M.Todd, op.cit., S.23.

[66] ebenda, S.23.

[67] ebenda, S.12-13.

Praxis umgesetzt. Der Bruch mit Rom im 16. Jahrhundert, den der anglikanische Pfarrer David Watson einmal naiver Weise als *"eine der größten Tragödien seit Pfingsten"*[68] bezeichnet hatte, fing an, sich ins Gegenteil zu verkehren. Der Prozeß der gegenreformatorischen Umwerbung im 20. Jahrhundert hat zum Ziel, alle ehrgeizigen Ökumeniker zurück nach Rom zu bringen. 1968 wurde eine gemeinsame Arbeitsgruppe zwischen dem Vatikan und dem Weltkirchenrat eingesetzt, die sich *"Committee on Society, Development and Peace" (SODEPAX)* (Ausschuß für Gesellschaft, Entwicklung und Frieden) nennt. Bei seinem Besuch im Hauptquartier des Weltkirchenrates in Genf beschrieb Papst Paul VI. die Leute als eine *"wunderbare Bewegung von Christen, von Gotteskindern, die im Ausland zerstreut sind"*.[69]

Das italienische Wochenmagazin "Borghese" beschrieb den Besuch trocken als

> *"einen weiteren Schritt in Richtung einer Art "geistliche Vereinte Nationen", wo die römisch-katholisch-apostolische Kirche als gleiche unter gleichen mit einer verschwindend geringen Anzahl Wiedertäufern sitzen wird".*[70]

Katholizismus gleich Synkretismus

Es wird unserem Verständnis sehr helfen, wenn uns folgendes klar ist: Wenn wir es mit dem Vatikan zu tun haben, beschäftigen wir uns nicht nur mit einer von vielen Darstellungen des Namenschristentums, sondern schlicht und einfach mit Synkretismus. Dieser Synkretismus arbeitet auf zwei Ebenen, und zwar *ausbreitend* und *beimischend*. Auf der ausbreitenden Ebene wurden überall dort, wo die Mis-

---

[68] zitiert in "Peace and Truth", 1979, Nr.1, S.9.

[69] John Cotter, a.a.O., S.62.

[70] ebenda.

sion in die Welt getragen wurde, mit den heimischen Heidenreligionen Kompromisse eingegangen. Unter den bekannteren Beispielen finden wir Lateinamerika, wo der römische Katholizismus sich mit einheimischer Zauberei zu Okkultreligionen vermischt hat, wie z.B. Umbanda, während wir in Indien den Hindu-Katholizismus finden, der durch den Mönch Abhishiktananda (alias Dom Henri le Saux O.S.B.)[71] propagiert wird. Jesuitenmissionare im Osten des Landes sind für ihre Bereitschaft berühmt, *"den Übergang von orientalischen Denkweisen zum Christentum zu erleichtern"*,[72] eine Tendenz, die bis heute fortbesteht. Es sollte uns also nicht überraschen, wenn über einen jesuitischen Theologen in Indien berichtet wird, der gesagt hat:

> *"Die Tatsache, daß Angehörige von Hochreligionen, wie Hindus und Buddhisten, sich nicht bekehren, könnte ein Zeichen dafür sein, daß sie sich gar nicht bekehren sollen".*[73]

Auf der beimischenden Ebene ist der größte Teil der römisch-katholischen Religion mit der uralten satanischen Religion von Babel vermischt. Das gilt auch für andere abgeleitete Formen des Heidentums, die sich mit dem Gewand des Christentums verkleiden. Mag es in der römisch-katholischen Kirche auch viele echte Gläubige geben, die falsche Religion, die der Vatikan über Jahrhunderte hinweg gemeinsam mit anderen religiösen Kräften der Welt aufgebaut hat, ist kein biblisches Christentum. Mit etwas Einblick kann man leicht entdecken, daß die Wurzeln des römischen Katholizismus viel eher im kultischen Erbe der Nationen zu finden sind als in den Lehren der Heiligen

---

[71] Siehe Abhishiktananda, "Hindu-Christian Meeting Point" (ISPCK, 1976).

[72] Chamber's Encyclopedia (Newnes, 1963), Bd.8, S.81.

[73] Aus einem Artikel im Jesuitenmagazin "America" vom 25.August 1979, S.75.

Schrift. Da die Führer der heutigen mystisch-okkulten Weltreligionen diese Tatsache anerkennen, freuen sie sich, die Verbindungen zum Papst als "Stellvertreter" der "christianisierten" Version uralter heidnischer Mythologien zu vertiefen, im Glauben daran, daß die verschiedenen Mythologien mit denen der falschen Kirche vergleichbar sind und somit eine passende Vorbereitung für den politischen und religiösen Höhepunkt aller Zeiten darstellen (Offb.17,1-18; 20,7-10).

Es bedarf nur sehr wenig Kenntnis, um zu erkennen, daß die angeblich "unfehlbaren Päpste", wenn sie *ex cathedra* sprachen, viele falsche Dogmen herausgegeben haben. Einige dieser Dogmen drehen sich um die Person der Maria, der Mutter Jesu, von der sie behaupten, sie sei seit ihrer Empfängnis frei jeglicher Erbsünde gewesen (1854), obwohl in der Bibel erklärt wird, daß auch sie einen Retter brauchte (Lk.1,47). Es wird außerdem behauptet, daß ihr Körper und ihre Seele in die Herrlichkeit des Himmels aufgefahren ist, und man setzt ihre Stellung als *"Himmelskönigin"* zur Rechten ihres Sohnes voraus (1950/1965). Soweit es die Bibel betrifft, wird die einzige Himmelskönigin im Buch Jeremia erwähnt (7,18; 44,15-30). Diese "Himmelskönigin" ist die babylonische Göttin Ischtar, die im gesamten Nahen Osten verschiedene Namen, wie z.B. Astarte, Aschtoret, Dea Syria, Venus, Aphrodite usw., angenommen hatte. Sie war die Göttin des sexuellen Mystizismus, wobei man sie durch sexuelle Riten mit Tempelhuren, ähnlich den Sexriten des fernöstlichen - buddhistischen Tantrismuskultes verehrte, auf den der Lamaismus des Dalai Lama teilweise zurückgeht. In diesem Zusammenhang ist es interessant, daß der berühmte gnostische Psychologe und Okkultist C. G. Jung gesagt hat, daß *"das bedeutendste religiöse Ereignis seit der Reformation die päpstliche Erklärung des Dogmas von 1950 über die Himmelfahrt der gepriesenen Jungfrau war"*.[74] Er sagte

---

[74] Vincent Brome, "Jung" (Paladin, 1975), S.254.

dies auf der Grundlage, daß dies eine Wiederaufnahme der weiblichen Begriffe in der Religion aufzeige, die nach Meinung vieler Vertreter der interreligiösen Bewegung durch den Jahwe des jüdisch-christlichen Glaubens viel zu lange unterdrückt wurde.

Die heutigen Okkultisten und Neo-Gnostiker wissen genau, daß die Marienverehrung der römisch-katholischen Kirche eng mit dem Göttinnenkult der alten Babylonier und ihrer Nachfolger verbunden ist. Sie glauben, daß Maria nur als mythologische Vollendung aller Göttinnen der vorchristlichen Kulturen dient.[75] Eine der Haupteinwände der heutigen Feministinnen ist, daß die Christenheit im allgemeinen ausschließlich als "männlich orientiert und patriarchalisch" gilt. Die Mariengöttin der römisch-katholischen Kirche gleicht diesen angeblichen Mißklang aus und harmonisiert so das Christentum mit den anderen Religionen, ihren Schwärmereien für Göttinnen und den damit verbundenen Praktiken. Es ist interessant, daß in der Geschichte der griechisch-orthodoxen Kirche die uralten Schreine der Aphrodite (die griechische Form der babylonischen Ischtar) einfach in Schreine der Jungfrau Maria umgewandelt wurden, nachdem sich besondere Merkmale ihres mystischen Christentums zeigten.

In den ersten nachchristlichen Jahrhunderten wurde die Stadt Rom zu einem synkretistischen Abfallhaufen für jeden Kult im Kaiserreich. Als Kaiser Konstantin sich zum christlichen Glauben bekannte, wurden viele dieser Traditionen in der von ihm gegründeten römischen Kirche angesammelt. Diese heidnische Verbindung wird selbst von den Führern der katholischen Kirche schamlos zugegeben. So bestätigte z.B. Kardinal John Henry Newman, trotz seines Verschweigens der Tatsache, daß der Madonnenkult ein Abkömmling heidnischer Göttinnenverehrung ist und daß der Begriff von Madonna und Kind aus einer Reihe von vergleichbaren alten Kulten übernommen wurde, daß

---

[75] Siehe Barbara G. Walker, a.a.O., S.602.

*"Der Gebrauch von Tempeln [...] Weihrauch,
Lampen und Kerzen [...] Die Tonsur [...] Wende
zum Osten [...] Vielleicht der kirchliche Gesang
und das Kyrie Eleison, alle heidnischen Ursprungs
sind, und durch die Aufnahme in die Kirche gehei-
ligt wurden".*[76]

Trotz ihres äußerlichen Festhaltens am Namen Christus hat
die römische Kirche mehr Synkretismus hervorgebracht als
jeder andere Zweig des Namenschristentums. Ihre ganze
Mission hängt am synkretistischen Dreh- und Angelpunkt,
der in einem pelagianischen Konzept der Errettung wur-
zelt.[77] Dementsprechend kann die katholische Kirche in
offiziellen Publikationen unverschämterweise folgende Behauptung aufstellen:

*"Sogar eine Person, die das Evangelium nicht
kennt, mag durch eine positive Antwort auf die
Gnade Gottes gerettet werden, ausgedrückt durch
ein Leben, das durch wahre Liebe und Barmher-
zigkeit getrieben wird".*[78]

Diese Aussage steht im völligen Widerspruch zur grundlegenden biblischen Lehre von der Errettung (siehe z.B.
Hi.25,4; Joh.10,1-2; 14,6; Apg.4,11-12; Röm.3,20,27-28;
Gal.2,16; 5,4; Eph.2,8-10; 2.Thes.1,7-8). Ein kurzer Überblick über autoritative Aussagen des Vatikans wird
zweifellos die Übereinstimmung mit hinduistischen Religi-

---

[76] John Henry Cardinal Newman, "An Essay on the Development of
Christian Doctrine" (Penguin Books, 1974), S.369.

[77] Pelagius war ein britischer Mönch des 4. Jahrhunderts, der die
"Häresie, daß der Mensch den ersten und grundlegenden Schritt zur
Errettung durch eigene Anstrengung machen kann, und zwar außerhalb
der Gnade", lehrte. F.L.Cross & E.A. Livingstone (Hrsg.), Oxford
Dictionary of the Christian Church, OUP, 1983, S.1058.

[78] Gavin DaCosta, "Is One Religion as Good as Another"? (Catholic
Truth Society, 1985), S.7. Dieses Buch hat die offizielle Druckerlaubnis
des Vatikan.

onskonzepten aufdecken, die verkünden, daß "alle Pfade zur Spitze des Berges führen".

Ein paar Beispiele als Illustration:

1. *"Die Kirchenväter sahen richtigerweise in den verschiedenen Religionen [...] so viele Widerspiegelungen der einen Wahrheit, den "Samen des Wortes", und bestätigen, daß es, obwohl die eingeschlagenen Wege verschieden sein mögen, ein einziges Ziel gibt, zu dem das höchste Streben des menschlichen Geistes hingeführt wird, das in der Suche nach Gott seinen Ausdruck findet".*[79]

2. *"Seit Christus für alle Menschen starb, und seit es für den Menschen eine letzte göttliche Berufung gibt, müssen wir glauben, daß der Heilige Geist auf eine Art, die nur Gott kennt, jedem Menschen die Möglichkeit bietet, mit diesem Geheimnis verbunden zu werden".*[80]

3. *"Verschiedene Religionen suchten einen Antwort auf die Suche der Menschheit nach der letztendlichen Erklärung der Schöpfung und der Bedeutung der Reise der Menschen durch das Leben. Die katholische Kirche akzeptiert die Wahrheit und Güte, die in diesen Religionen zu finden ist, und sie sieht dort Widerspiegelungen der Wahrheit des Christus, den sie als 'den Weg, die Wahrheit und das Leben` verkündet. Sie möchte alles Erdenkliche tun, um mit anderen Gläubigen zusammenzuarbeiten, wenn es darum geht, all das Gute in ihren Religionen und Kulturen zu erhalten".*[81]

Wir können leicht die Prinzipien erkennen, die in den synkretistischen Schriften und Aktivitäten herausgestellt wur-

[79] Papst Johannes Paul II., Redemptor Hominis, Anm.11.

[80] Vatikan II, Gaudium in Spes, Anm.22.

[81] Vatikan II. Nostra Aetate, Anm.1-3.

den. Zum Beispiel von Pierre Teilhard de Chardin, dem bekannten Jesuiten und Marxisten, der auf die New Age-Bewegung großen Einfluß hatte, und noch viele andere, die hinter den jüngsten Entwicklungen der Vereinten Nationen stehen.[82] Ebenfalls bekannt in diesem Zusammenhang sind Fr.Thomas Merton, Meister der Vers Zen-Buddhismus und Christentum,[83] Fr. Bede Griffiths[84] und Dom Aelred Graham.[85] Diese Männer haben viel getan, um das interreligiöse Evangelium zu fördern, indem sie sehr beliebte Konzepte, wie "kosmisch-geistliche Evolution", den "Omega Point" oder den Hindu- und Zen-Katholizismus, einsetzten.[86]

---

[82] Siehe z.B. seine Werke:
1. "The Phenomenon of Man" (Collins, 1959)
2. "The Future of Man" (Fontana, 1969)
3. "Hymn of the Universe" (Fontana, 1970)
4. "Christianity and Evolution" (Collins, 1971)
Interessanterweise war Teilhard auch ein großer Bewunderer des kommunistischen Systems in China.

[83] Siehe seine Werke:
1. "Zen, Tao et Nirwana" (Paris, 1970)
2. "The Zen Revival" (Buddhist Society of London, 1971)
3. "Thomas Merton on Zen" (Sheldon Press, 1976).

[84] Bede Griffith lebt in einem Aschram in Indien, von dem er der Leiter ist. Er hat eine Reihe von Büchern geschrieben, die seine synkretistische Philosphie umreißen:
1. Essays Towards a Hindu-Christian Dialogue (London, 1966)
2. The Marriage of East and West (Collins, 1982)
3. Cosmic Revelation: The Hindu Way to God (Collins, 1983).
[85] Siehe z.B. sein "Zen-Katholizismus" (Harcourt, Brace & World Inc., 1963).

[86] Um einen guten Überblick über das neue, weltweite Bewußtsein in Sachen Synkretismus zu erhalten, gibt es für den fleißigen Interessenten nichts besseres zu lesen, als Ursula King, "Towards a New Mysticism: Teilhard de Chardin and Eastern Religions" (Collins, 1980). Dr. King, Sen. Dozentin für Theologie an der Universität Leeds und Gründerin des Teilhard de Chardin-Centre in London, ist eine führende Unterstützerin des religiösen Synkretismus.

Mutter Theresa und der Geist des Friedens

Ein weiteres Rädchen im synkretistischen Getriebe ist die berühmte Mutter Theresa von Kalkutta. Wer ist diese geheimnisvolle Frau, deren gute Werke in Prominentenmanier vor der Welt zur Schau gestellt werden? Mutter Theresa trägt trotz ihrer wohltätigen Werke in höherem Maße zur religiösen Entwicklung des neuen Universalismus bei als allgemein angenommen. Vom synkretistischen Standpunkt aus ist es von Bedeutung, daß Mutter Theresas Hospiz in Kalkutta auf einem Tempelgrundstück gebaut wurde, das der *Kali* (Hindugöttin der Zerstörung) geweiht war, die durch nächtliche Tieropfer versöhnt wurde. 1981 gab Mutter Theresa ihre erste öffentliche Verlautbarung heraus, die als "Universales Friedensgebet" bekannt wurde. Dies fand in der anglikanischen St. James' Church in London Piccadilly statt.[87] Dieses "Gebet", mit seinen vertrauten weißen Buchstaben auf blaßblauem Grund, wurde international sehr bekannt - übertragbar in jede Sprache und als Bitte zu jedem Gott. Das vollständige Gebet lautet so:

> *"Führe mich aus dem Tod ins Leben, aus der Falschheit in die Wahrheit. Aus Verzweiflung in die Hoffnung, aus der Furcht hin zum Vertrau'n. Führe mich aus dem Haß zur Liebe, aus dem Krieg zum Frieden hin. Laß Frieden uns're Herzen füllen, unsere Welt, unser Universum.*
> *Frieden. Frieden. Frieden."*

Das Werbetraktat, das an das Friedensgebet angehängt wurde, erklärt interessanterweise, daß es "nicht auf Religionsmitglieder beschränkt ist, sondern gleichermaßen Humanisten, Agnostiker und allgemein für solche gilt, die an

---

[87] Diese anglikanische Kirche, die durch die Findhorn-Lehren stark beeinflußt worden ist, steht an vorderster Front bei der Bekanntmachung der New-Age-Philosophie in heutigen christlichen Kreisen.

die Kraft des positiven Gedankens glauben.[88] Dieses Traktat verkündet auch, daß der eigentliche Ursprung des "Friedensgebets" nicht genau bekannt ist und das es keine Verbindungen zu irgendeiner "Denomination oder Glaubensrichtung gibt".[89] Das ist sicherlich ein beabsichtigter Betrug. Eine kleine Nachforschung enthüllt, daß dieses Gebet vom früheren Jainistischen Mönch und Umweltschützer Satish Kumar bearbeitet wurde, ursprünglich von einem Mantra aus den indischen hinduistischen Unipaschaden stammt und folgendermaßen lautet:

> *"Führe mich aus dem Unwirklichen zum Wirklichen! Führe mich aus der Dunkelheit ins Licht! Führe mich aus dem Tod in die Unsterblichkeit"!*[90]

Der Kommentar der in den Unipaschaden zu diesem Mantra steht, zeigt, daß jede der drei Zeilen sagt:" Mach mich unsterblich"![91] Tatsächlich bildet dieses Mantra den Teil einer besonderen Zeremonie, bekannt als Abhyaroha (Himmelfahrt), *"eine Zeremonie, bei welcher der Ausführende die Götter erreicht oder zum Gott wird",* und durch welche er vielleicht *"bekommt, was immer er sich auch wünschen mag"* und *"zum Eroberer der Welten"* wird.[92] In

---

[88] Entnommen aus dem offiziellen "Prayer for Peace" Traktat. Dieses war am Peace Prayer Centre, welches durch einen ökumenisch gesinnten Pastor und seiner Frau geschrieben wurde, erhältlich bei: c/o Seniors Farmerhouse, Semley, Shaftesbury, Dorset, SP7 9AX.

[89] ebenda.

[90] F.Max Müller (Hrsg.), "The Sacred Books of the East" (OUP, 1900) Bd.15, die Unipaschaden, S.83-84. Die Unipaschaden sind monistische Abhandlungen, wo man Erklärungen wie folgende findet: "Wie Butter oder Sahne ist das Ich in allem". Beachte, daß das "Ich" in der unipaschadischen Terminologie Gott gleichgesetzt wird.

[91] ebenda, S.84.

[92] ebenda, S.84n. Diese Information stammt aus einer Fußnote vom Herausgeber der Unipashaden und frühem Verbreiter östlicher Religion im Westen, Prof. Max Müller von der Universität Oxford.

diesem Gebetsmantra sehen wir den größten Vorstoß hinter allen Weltreligionen, nämlich daß wir bedingungslos ewiges Leben haben können, grenzenlose Weisheit und Erkenntnis von persönlicher "Göttlichkeit". All das ist ein Vermächtnis der dreifachen Lüge Satans im Garten Eden (1.Mo.3,4-6; Joh.8,44). Eine Lüge, die in den Lehren und Praktiken aller falschen Religionen dieser Welt mit eingeschlossen wurde. Auf diese Lüge werden wir noch genauer eingehen.

Der wahre Grund für die Schaffung des *"Friedensgebets"*, das naiverweise in vielen ökumenisch gesinnten Kirchen benutzt wird, ist, eine fein abgeänderte Hinduschrift, verbunden mit götzendienerischen, selbstverherrlichenden Zeremonien, in die christliche Anbetung einzuführen. Somit soll christozentrische Spiritualität durch synkretistisch-religiöses Gedankengut ersetzt werden.

Im März 1985 war Mutter Theresa Ehrengast bei einem "multikulturellen interreligiösen Treffen" in Malta, genannt *"Geist des Friedens: Kultur, Wissenschaft und Religion am Wendepunkt"*.[93] Dieses "Interglaubenstreffen" wurde zum einen von der Friedensuniversität der Vereinten Nationen organisiert, um das "40jährige Bestehen der Vereinten Nationen zu feiern", und zum anderen, um Vertreter aus den verschiedensten Glaubensrichtungen zusammenzubringen, und zwar aus dem Kabbalismus, Schamanismus, Sufismus, der Friedensbewegung, der ökumenischen Bewegung. Außerdem wurden unter anderen die New-Age-Soziologin Marilyn Ferguson (Autorin des Buches "Die sanfte Verschwörung"), der damalige Mitarbeiter des Generalsekretärs der Vereinten Nationen, Dr. Robert Müller, und der im Exil lebende tibetanische Buddhistenführer, der Dalai Lama, zu diesem "interreligiösen Treffen" eingeladen.

---

[93] Die Information darüber und über ähnliche solcher U.N.Fiaskos war frei erhältlich bei AGAPE, Gerberau 14, 79098 Freiburg, Deutschland.

Das Herzstück der Weltreligionen offengelegt

Soeben haben wir den Dalai Lama von Tibet erwähnt. Wir wollen uns hier ein wenig aufhalten, um etwas über den Mann zu erfahren, der uns mit dem täuschenden Wesen spiritueller Güte vorgestellt wird, das im Zentrum aller Weltreligionen steht.

Wegen der Behandlung seiner Landsleute durch die chinesische kommunistische Armee im Jahre 1959 erntet dieser Religionsführer einige Sympathien im Westen. Vor der Welt scheint er ein respektabler, religiöser und patriotischer Führer von sanftmütigem Charakter zu sein. In dieser beurteilungsfeindlichen, multikulturellen, pluralistischen Zeit scheint es, als würde man sich allgemein sträuben, nach der spirituellen Glaubwürdigkeit eines solchen Mannes zu fragen. Wir wollen hier keine Aussagen gegen den Menschen Dalai Lama machen; wir versuchen lediglich, den grundlegenden geistlichen Betrug offenzulegen, und zwar die zerstörerische Täuschung, daß im Zentrum aller Religionen ein Körnchen Wahrheit liegt, die mit der des Christentums übereinstimmt. Solche Behauptungen müssen wir entschieden zurückweisen, wenn wir der Bibel treu bleiben wollen. Heute wird sogar in evangelikalen Kreisen immer öfter die Tatsache bestritten, daß Angehörige außerchristlicher Religionen von der Errettung ausgeschlossen sind. Doch diese Behauptung steht im direkten Widerspruch zum Wort Gottes, das klar auf die nötigen Bedingungen hinweist, um der ewigen Strafe zu entgehen und ewiges Leben zu empfangen (Joh.14,6; 3,14-16; 5,24; 2.Thes.1,7-9).

Die Religion des Dalai Lama ist als "Lamaismus" bekannt. Wir fragen: Was genau ist das - Lamaismus? Die Antwort wird viele überraschen. Lamaismus ist ein politisch-religiöser Zweig der tibetanischen Form des Buddhismus, der vor 1200 Jahren durch einen gewissen Padmasambhava in Tibet eingeführt wurde. Eine Mischung von

> *"dem Madhyamika-System der Nagarjuna, abge-*
> *wandelt durch die Alaya-Lehre der Yoga-Kara-*
> *Schule, die in Verbindung mit den magischen und*
> *okkulten Praktiken der Tantrayana (mystische*
> *"Formelbücher") steht".*[94]

Das offenbart schon in sich selbst eine kräftige Mischung aus dämonischen Einflüssen. Doch die Entwicklung des Lamaismus von Tibet führte zu einer weiteren Verschmelzung der drei oben genannten buddhistischen Schulen mit einheimischen tibetanischen Schamanismus.[95] Im 13. Jahrhundert wurde die Theorie verbreitet, daß der Dalai Lama (zu Deutsch "ozeanähnlicher Höchster") die

> *"Reinkarnation des Gottes der Gnade Avalopki-*
> *teshvara ist, dessen berühmter Zauberspruch*
> *(Mantra) "Aom-mani-padme-Mum" lautet und auf*
> *den Gebetsrädern in ganz Tibet geschrieben*
> *steht".*[96]

---

[94] Chambers Encyclopedia, Bd.2 (George Newnes, 1963), S.654.

[95] ebenda, Schamanismus kann als "Religion Nordasiens, die hauptsächlich auf Zauberei und Hexerei basiert" definiert werden. (Chambers English Dictionary), obwohl der Begriff inzwischen dazu verwendet wird, jedes religiöse System zu beschreiben, das diese beiden Elemente enthält.

[96] ebenda. Ein Mantra ist eine gesprochene Formel mit Atemtechniken, die bei der östlichen Meditation ständig heruntergeleiert wird, um verborgene Kräfte freizusetzen, die angeblich ein mystisches Erlebnis des Göttlichen auslösen. Interessanterweise werden diese Übungen gemeinsam mit geistiger Veranschaulichung und anderen Formen von okkulter "Word-Power" und "Mind-Power" als orthodoxe christliche Praxis empfohlen, und zwar von einer wachsenden Anzahl bekennender evangelikaler Charismatikern und anderen Kirchenführern. Siehe z.B. Richard Foster, "The Celebration of Discipline" (Hodder & Stoughton, 1979). Dieses Werk wurde von dem ehemaligen, anglikanischen, charismatischen Pfarrer David Watson sehr empfohlen, doch ist es höchst passend für alle "Möchtegernsynkretisten" und "-mystiker". Eine anglikanische Version dieser Praktiken siehe Peter Dodson, "Contemplating the Word" (S.P.C.K., 1987).

Jeder nachfolgende Dalai Lama ist die angebliche Reinkarnation seine Vorgängers und "Stellvertreter" Buddhas auf Erden. Er wird auch von seinen Nachfolgern als "unfehlbar" bezeichnet. Wenn ein Dalai Lama stirbt, wird sein Nachfolger durch prophetische Offenbarung aus den männlichen Kindern des Landes ausgewählt, die kurz nach seinem Tod geboren wurden. Der gegenwärtige Dalai Lama, Tenzin Gyamtsho, erhielt die folgende Auswahl an Titeln bei seiner Einsetzungszeremonie: *"Der Heilige, die zärtliche Herrlichkeit, mächtig im Reden, von außerordentlicher Intelligenz, von absoluter Weisheit, Erhalter der Lehre, der Ozean"*.[97] An der Bibel gemessen, ist dies eine dämonische Anmaßung, einen Menschen so zu bezeichnen. Es zeigt außerdem, daß die Weihe des Dalai Lama weit über seine bloße Amtseinsetzung als Dalai Lama hinausgeht.

An dieser Stelle sollte beachtet werden, daß der tibetanische Buddhismus auf den Weltlehrer, genannt Bodhisattva Maitreya, wartet, der kommen und "eine Regierung des Friedens und der Gerechtigkeit" auf Erden aufrichten soll. Der Name entspricht genau dem des Weltenlehrers und "erhöhten Meisters", der in der heutigen New-Age-Bewegung erwartet wird. Seit er außerhalb Tibets im Exil lebt, reiste der Dalai Lama um die Welt, um Unterstützung für seinen Traum vom synkretistischen interreligiösen Glauben zu gewinnen. Im Einklang mit der Entwicklung des interreligiösen Glaubens innerhalb der ökumenischen Bewegung, war ein hochkarätiges Treffen mit dem Weltkirchenrat in Genf vom Juli 1985 einer seiner herausragendsten Triumphe.[98]

Es wäre an dieser Stelle aufschlußreich, die Beziehungen zwischen dem römischen Papst und dem Dalai Lama zu betrachten, die in der Presse oft zusammen gezeigt werden, während sie private Unterhaltungen im Vatikan füh-

---

[97] Chambers Encyclopedia, a.a.O., Bd.8, S.621.

[98] The Times, 12.Juli 1985.

ren.[99] Bei einer Gelegenheit lautete die Bildunterschrift eines Fotos der beiden Männer folgendermaßen:

> *"Der Papst grüßt den Dalai Lama, den geistlichen Führer Tibets, während der gestrigen privaten Gespräche im Vatikan. Der Vatikan, aus Vorsicht wegen der angespannten Beziehungen zu China, betonte, daß die Gespräche religiöser und nicht politischer Natur waren".*[100]

Was könnte möglicherweise hinter dem privaten "religiösen" Treffen der beiden Männer stecken? Dieses Verhältnis ist eines der aussagekräftigsten Elemente im vatikanischen Synkretismus. Denn es sind die okkulten Religionen des Ostens, mit denen der Papst den römischen Katholizismus, und letztendlich die gesamte christliche Kirche zu verbinden sucht. Die ökumenische Schlagkraft dieser Treffen stimmt völlig mit der synkretistischen Haltung des Papstes zu den Religionen des Ostens überein, die die Selbstvergötterung zum Ziel haben (wie es jeder, der sich mit dem Orient befaßt, bestätigen wird). Während seines Besuches in Indien 1986 sagte der päpstliche Sprecher Joaquin Navarro, daß die Ökumene der Denominationen nicht genug sei. *"Was wir jetzt brauchen"*, sagte er, *"ist ein grundlegender Dialog mit allen Glaubensrichtungen der Welt, so daß wir in den Hauptfragen der Menschen und der Menschheit übereinstimmen können".*[101]

In einer höchst deutlichen Weise äußerte sich der Papst, als er am 21. Februar 1981 in Manila folgendes sagte:

> *"Es müssen Wege gefunden werden, damit dieser Dialog (mit Gläubigen aller Religionen) überall Realität wird, doch besonders in Asien, jenem Kontinent, der die Wiege uralter Kulturen und Re-*

---

[99] Zwei derartige Treffen fanden im Februar 1986 und am 15.Juni 1988 statt.

[100] The Daily Telegraph, 9.Juni 1990.

[101] The Times, Februar 1986.

Diese Äußerung führt uns zu einem höchst wichtigen Phänomen der Religionen in dieser Welt. Die Unterstützer der interreligiösen Aktivitäten erklärten wiederholt, daß es eine bedeutende Einheit aller Religionen gibt: Hinter allen Glaubensrichtungen der Welt stünde eine gemeinsame "uralte Weisheitstradition". Sie alle würden denselben Gott verehren und es gäbe ein einziges Ziel aller Religionen. Es gibt tatsächlich eine gemeinsame Quelle aller Religionen der Welt (Christentum nicht eingeschlossen), doch ist dies nicht die wahre Weisheitsquelle, wie uns deren Anhänger glauben machen wollen. Weiten wir diesen Begriff ein wenig aus.

Der Sündenfall in Eden umfaßte nicht nur den Ungehorsam gegen den Schöpfer, sondern eine totale Verführung - geistlich, moralisch und ethisch - durch Satan. Jede falsche Religion, jeder Okkultismus, jede Zauberei und Hexerei haben ihre Quelle in der Beziehung, die unsere Urahnen mit dem Teufel eingegangen sind, und wobei er bedingungslos ewiges Leben versprach (*"Keineswegs werdet ihr sterben"*). Des weiteren ging es um die Erfahrung persönlicher "Göttlichkeit" (*"Ihr werdet sein wie Gott"*) und das Verlangen nach Weisheit, die jenseits dessen liegt, was Gott ihnen verliehen hatte (1.Mo.3,1-6). Das war die historische Quelle, die wir als "satanischen Auftakt" bezeichnen können. In dieser Erfahrung finden wir die wirkliche gemeinsame "uralte Weisheitstradition" aller Religionen der Welt.

Nach dem Sündenfall halten die Menschen immer noch an einer starken religiösen Regung fest, einem innewohnenden Verlangen, das Rätsel des Daseins zu lösen. Aber ihr Tappen im dunkeln nach dem Gott, von dem sie sich

---

[102] Roman Catholic Commitee for Other Faiths: What does the Church Teach? (Catholic Truth Society, 1986), S.26.

entfremdet haben, ist schrecklich verdorben und verzerrt geworden. Einfach beschrieben mit den Worten *"keine Hoffnung habend und ohne Gott in der Welt"* (Eph.2,12), können sich die nichterneuerten oder gefallenen Menschen nur an solchen religiösen Praktiken beteiligen, die sie noch weiter von ihrem Schöpfer entfernen. Und wenn wir die Praktiken der Religionen der Welt genauer betrachten, finden wir alle wichtigen Merkmale jeder falschen "Spiritualität". Als erstes wäre die Lehre vom *"inneren Gott"* oder vom *"inneren Licht"* zu nennen - ein angeblich *"göttlicher Funke"* in allen Menschen, der durch gewisse Techniken, enthalten in den alten "Weisheits"-Lehren, angezapft werden kann. Jedoch zeigt die Bibel, im Gegensatz zu diesen Offenbarungen eines *"universalen inneren Gottes"*, daß sich die Menschen infolge des Sündenfalls nicht mehr der Innewohnung des Heiligen Geistes erfreuen konnten, den Adam bei seiner Erschaffung ursprünglich erhalten hatte (1.Mo.2,7), sondern geistlich tot waren (Eph.2,1-2) und nur noch aus "Fleisch" bestanden (1.Mo.6,3). In diesem Zustand, den *"Geist nicht habend"* (Jud.19), würden sie bleiben, wenn sie sich nicht durch die Gnade im Glauben an Jesus Christus (Röm.8,2; Joh.3,3-5; 7,38-39) erneuern lassen würden. Und selbst dann werden sie nur *Teilhaber der göttlichen Natur* (2.Petr.1,4) und nicht zu göttlichen Wesen selbst. Zweitens wird in den Religionen der Welt ausnahmslos der wahre Schöpfer durch das Geschöpf (ein äußeres Objekt oder das eigene Ich) als Objekt der Anbetung und der geistlichen Kraft ersetzt (Röm.1,25). Solcher Götzendienst wird in der Bibel ausdrücklich verdammt (Jes.45,5-9.20-23). Drittens finden wir Lehren, welche die Vorstellung von einem universalen, bedingungslosen, ewigen Leben verstärken, wie z.B. Reinkarnation, Spiritismus, Erfahrungen außerhalb des Körpers und so weiter. Die Schrift aber sagt, daß Menschen nur ein Leben haben, in dem ihre Reaktion auf das Evangelium von Christus entweder zur ewigen Errettung oder zur ewigen Pein führen wird (Hebr.9,27; Ps.78,39; 2.Thes.1,7-9).

Nach dem Sündenfall hat die gottlose Nachkommenschaft des Kain den "satanischen Auftakt" fortgesetzt, was schließlich die gottesfürchtige Nachkommenschaft des Set verunreinigen sollte (1.Mo.6,1-5). Diese daraus entstandene Bosheit wurde so groß, daß der HERR durch eine weltweite Flut eingreifen mußte. In der Folgezeit der Menschheitsentwicklung in der nachsintflutlichen Welt wirkte der "satanische Auftakt" besonders in der Linie des Ham (1.Mo.10,6-10), was in der Geschichte von Babel, im sumerischenMesopotamien gipfelte, der *"Wiege der uralten Kulturen und Religionen"*, auf die sich der Papst berief. In diesen Ebenen von Sinear gab es ein Aufgebot an *"soziospiritueller Menschenkraft"*, welche im Turm oder im "Zikkurat" als einem Weg, "Gott zu erreichen", seinen Ausdruck fand (Gen.11,1-4). Magie, Fruchtbarkeitskult und Götzendienst trugen zu diesem Ausdruck uralter "Spiritualität" bei, und als das göttlich verordnete Gericht der Zerstreuung stattfand (1.Mo.11,5-9), nahmen diese Menschen ihre Religion mit über den Erdball, was die bemerkenswerte Ähnlichkeit erklärt, die die Mythen, Zaubereien, Götter und Göttinnen in allen Religionen der Welt haben. Jede entwickelte sich in ihrer Eigenheit weiter, entsprechend der Kultur, in der sie entfaltet wurde.[103] Mit anderen Worten hat die "uralte Weisheitstradition", von der man behauptet, sie sei in allen Weltreligionen gleich und die vom römischen Papst so geliebt wird, nicht ihre Wurzeln im Heilsplan Gottes, sondern im verdorbenen Werk Satans.

---

[103] Das heißt nicht, daß jede Religion, bzw. Kult von heute direkt seine Wurzeln in Babel hat. Es gibt zwei Klassen von falscher (vom Satan stammender) Religionen: einmal solche, die ihre Wurzel direkt in der uralten, babylonischen Religionen haben, wie z.B. Schamanismus und Hinduismus, zum anderen gibt es solche Kulte, die seit dem entstanden sind, und zwar als Ergebnis orakelhafter Offenbarungen einer Vielzahl von Männern und Frauen, die fälschlicherweise beanspruchten, göttlich inspiriert zu sein, z.B. Bahaismus, Buddhismus, Lamaismus, Taoismus, Mormoismus, Zeugen Jehovas, Islam, Christliche Wissenschaft usw.

Unheilige Allianz

Es geschah in dieser religiös verunreinigten Umgebung von Chaldäa, daß Abraham, der Vater des Glaubens, durch den e i n e n wahren Gott dazu berufen wurde, sich von der Welt und ihren falschen Religionen zu trennen (1.Mo.12,1-4). Danach stand Gottes Volk in beiden Testamenten im ständigen Konflikt mit diesen satanisch inspirierten Religionen und ihrer Verschmelzung von Askese, Mystizismus, Götzendienst, Zauberei und Aberglauben.

Heute ermahnt der sogenannte "Stellvertreter Christi auf Erden", der Papst, die Christen der Welt, sich in sein synkretistisches Cocktail zu stürzen. Der Apostel Paulus bekräftigte aber (Apg.26,16-18), und auch Ignatius von Antiochia (gest. ca. 100 n.Chr.) unterstrich dies in seinem "Brief an die Epheser",[104] daß der Herr Jesus kam, um diese heidnischen Religionen wegzufegen und ihre Macht zu brechen. Aus diesem Grund (unter anderen) hat die Heilige Schrift so ergreifend von der Huldigung berichtet, die die Magier aus dem Osten dem neugeborenen Kind in Bethlehem brachten.[105] Christi Geburt hat für Satan und sein Werk deutlich den Tod eingeleitet (1.Joh.3,8; Hebr.2,14).

Kein Wunder, daß Satan in diesen letzten Tagen alles tut, um das zu zerstören, was der HERR eingesetzt hat, nämlich den Bau Seines geistlichen Reiches durch die wahre Gemeinde Gottes. Es war schon immer Satans Ziel, das Werk des HERRN in Seinem Volk zu unterhöhlen. Das geschieht

---

[104] Ignatius von Antiochien, The Epistle to the Ephesians, §19.

[105] Das "Zondervan Encyclopedia of the Bible" stellt fest: "Die Weisen kommen erstmalig in der Geschichte vor, als sie mit einem Stamm im 7.Jahrhundert vor Christus gleichgesetzt werden. Innerhalb dieses Stammes gab es eine feste Tradition, zur Ausübung priesterlicher und okkulter Kräfte im Rahmen ihres religiösen Systems im Kreise derer, die die Fähigkeit zu solchen Aktivitäten hatten (Zondervan, 1975, Bd.4, S.31).

seit dem Zeitpunkt, als Gott erklärte, daß es einen Kriegs-
zustand zwischen dem Nachkommen der Frau (dem Herrn
Jesus und Seinem Volk) und dem Nachkommen der
Schlange (Satan und seinen Kindern) geben wird,[106] der
seinen Höhepunkt mit dem Sieg über den Teufel durch den
Herrn Jesus Christus am Kreuz von Golgatha erleben
würde (1.Mo.3,15: Joh.12,31: Kol.2,15). Eine der wirksam-
sten Methoden, die Kirche zu unterhöhlen, ist die Leug-
nung ihres **Ausschließlichkeitscharakters,** während zur
selben Zeit die Vorstellung genährt wird, daß alle Religionen eins seien, dasselbe Ziel und den gleichen Ursprung
hätten. Es ist eine offenkundige Tatsache, daß das wichtigste Ziel hinter jedem Synkretismus die Zerstörung der Gemeinde ist. Das Wissen um diese Realität wird uns die Bedeutung der vielen ökumenischen und interreligiösen Aktivitäten begreiflich machen, durch welche die christliche
Kirche während der Jahrhunderte verführt wurde.

Diese Tatsachen werden jenen Namenschristen nicht
schmecken, die mit beiden Füßen bequem in dieser pluralistischen Welt stehen, in der humanistische Werte den Ton
angeben. Aber die Getreuen, die ihr Leben am Wort Gottes
ausrichten, werden, wie der Herr Jesus uns ankündigte, von
der ungläubigen Welt gehaßt, weil sie vom HERRN dazu
erwählt wurden, sich von allem abzusondern, was abscheu-
lich und verlogen ist (Joh.15,18-21; Offb.21,27; 22,15).
Diese Absonderung auf unserer Pilgerreise durch die Wüste
dieser Welt gehört zu den Unbequemlichkeiten des Kreuzes
(Luk.6,22; 2.Kor.6,17; Offb.18,4). So formulierte es einmal
ein weiser Pastor vor langer Zeit: *"Das Evangelium ist eine
Rose, die nicht ohne Dornen gepflückt werden kann"*
(Thomas Watson, gest. 1689). Doch jene, die eine Verbindung zwischen der christlichen Kirche und den Religionen
der Welt herstellen wollen, bauen eine Kirche von weltwei-

---

106 Es ist interessant zu wissen, daß der Herr Jesus die ungläubigen
Pharisäer als "Otternbrut" (Matth.12,34) und als solche bezeichnet, die
"aus dem Vater, dem Teufel" sind (Joh.8,44).

ter Anziehungskraft. **Es ist aber eine falsche Kirche ohne Kreuz, die von niemandem gehaßt wird.** Sie wird von der Welt geliebt, aus der sie ausgezogen sein sollte. All das ist vom biblischen Christentum weit entfernt. Der Herr Jesus hat klar gesagt, daß Ihm vergleichsweise nur wenige Leute folgen und daß Er von der Mehrheit abgewiesen werden würde (Mt.7,13-14).

Was kann das Ziel des Versuches sein, die *"sichtbare Einheit der Kirche Jesu Christi"*[107] wiederherzustellen, wie Kardinal Suenens es formulierte, wenn diese Einheit auf lehrmäßiger Flachheit und auf der Anerkennung der ungläubigen Welt basiert? Auf welche Weise wird Christus geehrt, wenn "Einheit" mit Leuten erkämpft wird, deren religiöser Glaube hinter der Verkleidung als Engel des Lichts bestenfalls theologisch liberal und schlimmstenfalls eine absurde Täuschung oder sogar gotteslästerlich ist? Hier haben wir ein gutes Beispiel davon, wie verschiedene Ideologien um oberflächliche Einheit kämpfen, um damit einen gemeinsamen Feind zu überwinden. Das ist die wahre Bedeutung des Wortes "Synkretismus", das überhaupt nicht die Schaffung einer einheitlichen Weltreligion beinhaltet, wie viele heutzutage glauben. Das Wort ist vom griechischen "synkretismos" abgeleitet und geht ursprünglich auf einen Ausspruch über die Kreter zurück, nach welchem sie "sehr geneigt sind, gegeneinander Krieg zu führen, aber sofort Frieden schließen und sich die Hände reichen, wenn sie von Fremden angegriffen werden".[108] Daher bezieht sich das Wort "Synkretismus" auf einen breiten Bund, der den gemeinsamen Interessen von Leuten verschiedenen Glaubens dient - eine unheilige Allianz.

Hier haben wir den Schlüssel der interreligiösen- und ökumenischen Bewegung: **Die Vertuschung aller Unter-**

---

[107] Leon J.C. Suenens, "Ökumene und charismatische Erneuerung" (D.L.T., 1978), S.8.

[108] Philip Schaff (Hrsg.), "Schaff,Herzog Encyclopedia of Religious Knowledge" (Funk & Wagnalls, 1891), Bd.4, S.2278.

schiede mit dem Ziel, die Zerstörung des gemeinsamen Feindes voranzubringen. In diesem Fall ist der Feind nichts anderes als das biblische Evangelium von Jesus Christus, dessen Ausschließlichkeit von der Welt verachtet wird (Joh.15,18-21). Das erinnert an solche Ereignisse wie den Nichtangriffspakt zwischen Hitler und Stalin in den dreißiger Jahren. Zwei Männer mit gegensätzlichen Ideologien und lächelnden Masken sitzen sich am Tisch gegenüber, fest verbunden durch ihre verdorbenen, gemeinsamen Interessen und ihren gemeinsamen Machthunger. Es gibt auch zwei biblische Vorbilder für solch eine unehrliche Verbindung, die die Gefahren der humanistischen Ökumene unterstreichen. Die Pharisäer und die Sadduzäer hatten sehr verschiedene Weltanschauungen und Theologien, doch ihre gemeinsame Gegnerschaft zum Herrn Jesus Christus war eine zerstörerische Macht (Mt.16,6.11; Mk.3,6), die sie überaus eng miteinander verband. Ähnlich berichtet Lukas in einem der abschreckenderen Bibelverse über die gemeinsame Verschwörung, wenn nicht erneuerte Menschen vom selben Giftkelch getrunken haben (Luk.23,12; Apg.4,27). Die bloße Frage schwebt unbeantwortet über ihnen: "Gehen etwa zwei miteinander, außer wenn sie zusammengekommen sind?" (Am.3,3).

Mystizismus und uralte Gnosis

Wenn es doch bekannt wäre, daß die römische Kirche in Wirklichkeit überhaupt nicht ökumenisiert! Unter dem Deckmantel der "sichtbaren Einheit" und der "Beibehaltung der Unabhängigkeit der Denominationen" führt sie ihre eigene Evangelisation aus, um alle Namenschristen unter die weltweite Herrschaft des Papstes zu bringen - eine Rolle, nach der sich dieses Amt schon immer ausgestreckt hat. Laßt uns wohl beachten, daß der römisch-katholische Bischof, Joseph McKinney, seinen Mitkatholiken geraten hat, falls sich diese an ökumenischen Aktivitäten beteiligen, daß *"es in ihrer Kirche eine gewisse Fülle christlicher Traditio-*

nen gibt, die in keiner anderen Denomination zu finden sind und daß die katholische Lehre aufrechterhalten werden muß".[109] Um wirklich begreifen zu können, was hinter der gegenwärtig weltweiten ökumenischen Bewegung unter der Schirmherrschaft der römischen Kirche steckt, müssen wir nicht nur verstehen, wie diese Kirche ihren Pontifex sieht, sondern auch wie er von Führern anderer Glaubensrichtungen gesehen wird. Untersuchen wir folgende aufschlußreiche Informationen.

Die römische Kirche glaubt, daß der Papst, als Bischof von Rom, der alleinige Nachfolger des Apostels Petrus (unter Anwendung von Mt.16,18-19) und das von Christus ernannte irdische Haupt der Kirche ist. Aber nicht nur Rom hält an dieser geistlich erhöhten Sicht des Papstamtes fest, auch Vertreter satanisch inspirierter Religionen in der Welt nehmen das gleiche für sich in Anspruch. Klar wird das von B.K.S. Iyengar im erklärenden Vorwort seines berühmten Buches, eines Klassikers über Yoga, ausgesagt:

> *"Der westliche Leser mag wegen des wiederholten Hinweises im Buch auf den universalen Geist, auf Mythologie und sogar philosophische und moralische Prinzipien überrascht sein. Er darf nicht vergessen, daß in uralter Zeit alle größeren Errungenschaften der Menschheit auf dem Gebiet des Wissens, der Kunst und der Macht Bestandteil von Religionen waren. Man nahm an, daß sie zu Gott und seinen priesterlichen Dienern auf Erden gehören. Der katholische Papst ist die letzte solcher Verkörperungen des göttlichen Wissens und der Macht im Westen".[110]*

Das ist eine sehr deutliche Aussage für unsere Betrachtun-

---

[109] New Covenant: The Magazine of the Catholic Charismatic Renewal, Bd.1, Nr.12, Juni 1972, S.10.

[110] B.K.S. Iyengar, "The Concise Light on Yoga" (George Allen & Unwin, 1980), S.11-12.

gen des Synkretismus in der ökumenischen Bewegung. Deshalb ist es nicht verwunderlich, daß es eine besondere Beziehung zwischen orientalischen Religionsführern und dem Papst gibt. Genau wie der Dalai Lama als "Stellvertreter Buddhas" betrachtet wird, ist der Papst in der römisch-katholischen Kirche als "Stellvertreter Christi" bekannt. Deswegen wird das Papsttum von den östlichen Religionsführern ähnlich wie das System des Dalai Lama betrachtet, weil es eine vergleichbar esoterische Macht hat wie sie selbst. Tatsächlich sieht der tibetanische Buddhismus (aus dem der Dalai Lama seine Religion herleitet) Christus als einen der größten Bodhisattvas, "Erleuchteten" an, die der Menschheit dienten. Diese "Erleuchteten" entsprechen den "erhöhten Meistern", von denen Okkultisten und New-Age-Befürworter behaupten, daß sie die Angelegenheiten der Menschen und die religiösen Führer auf diesem Planeten beeinflussen.[111] Auch andere Weltreligionen freuen sich, Jesus als einen von vielen Propheten betrachten zu können. Genau aus diesem Grund können die Religionsführer dieser Welt, die ein biblisches Christentum mit Jesus als den einzigen Weg nicht tolerieren können, so leicht Gemeinschaft, Dialog, ja Einheit mit dem liberalen, universalistischen Namenschristentum haben, welches ebenfalls glaubt, Jesus sei nur einer unter mehreren Lehrern von Weltrang gewesen.

Man mag sich fragen, warum der Vatikan, obwohl er immer noch den Glauben an orthodoxe biblische Lehren bekundet, von Führern der Religionen und Ideologien, die die Lehren der römisch-katholischen Kirche niemals als wahr

---

[111] Dieses Konzept von "außerirdisch existierenden" und manchmal menschgewordenen Wesen, das sich durch die Geschichte zieht, ist im Westen durch die Theosophen, die New-Age-Bewegung und andere kultische Systeme populär geworden. Siehe z.B.

1. Alice B.Bailey, "Initiation, Human and Solar" (Lucis Press, 1923); 2. Francis Beckwith, "Baha'i" (Bethany House, 1985).

akzeptieren, so hoch geachtet wird. Es gibt einen guten Grund für diesen seltsamen Widerspruch. Alle Okkultisten und Vertreter der Weltreligionen befürworten eine esoterische Form des Christentums, genannt *"Gnostizismus"* (von "Gnosis", dem griech. Wort für "Wissen"), eine ketzerische Lehre des 2. Jahrhunderts, von der sie behaupten, sie sei die wahre Religion und im völligen Einklang mit ihrem eigenen religiösen Glaubenssystem. Sie verstehen aber auch, daß eine weitere Ausdrucksform des Gnostizismus der Mystizismus ist, der im römischen Katholizismus sehr großen Raum einnimmt und christianisiert wurde, damit dieser Mystizismus in der Kirche besser akzeptiert wird.

Es lohnt sich für uns, diese Angelegenheit zu überprüfen. Römisch-katholischer Mystizismus hat seine Wurzeln in einer Abhandlung mit dem Titel "Mystische Theologie", die im 5. Jahrhundert von einem syrischen, neoplatonischen Mönch geschrieben wurde. Dieser tat so, als wäre es ein Schreiben von Dionysius, dem Areopagit, der von Paulus zum Christentum bekehrt wurde und in Apg.17,34 erwähnt wird, das Timotheus empfing. Die Hauptthemen der geschriebenen Werke dieses Mönchs werden von einem Gelehrten als *"die Erhöhung des via negativa über die offenbarte Theologie"*, verbunden mit der *"Lehre von der Vollkommenheit durch Ekstase"*[112] beschrieben. In der Tat hat die "Mystica Theologia" viel mehr mit östlichen Religionen gemeinsam als mit biblischen Christentum, da sie die ständige Verdrängung der Gedanken vertritt, um ekstatische Einheit mit Gott und die daraus resultierende Vergötterung zu erreichen.

Doch bevor der Betrug im 9. Jahrhundert entdeckt wurde, übte sie einen enormen Einfluß auf die Entwicklung römisch-katholischer Theologie aus, weil sie irrtümlich für ein echtes apostolisches Dokument gehalten wurde. Sogar der führende römisch-katholische Theologe Thomas von

---

[112] Chamber's Encyclopedia, a.a.O., Bd.4, S.534.

Aquin zitiert in seiner Summa Theologica den Pseudo-Dionysius mit Wohlwollen 1.760 Mal.[113] Trotz eines äußerlichen Festhaltens an orthodoxer Christlichkeit steht im Zentrum des römisch-katholischen Mystizismus die synkretistische Philosophie des Neoplatonismus, eine Philosphie mit dem Ziel, die Mysterienkulte und uralten Religionen wiederzubeleben, und zwar zu einer alles umschließenden, monistischen und pantheistischen Theologie. Somit bildet ironischerweise derselbe Neoplatonismus, der die Grundlage des römisch-katholischen Mystizismus darstellt, "die philosophische Grundlage für den heidnischen Widerstand gegen das Christentum im 4. und 5. Jahrhundert".[114] In völliger Übereinstimmung mit östlicher monistischer Religion, war das geistliche Ziel des christlichen Neoplatonismus:

> *"alle Menschen in einen Menschen umzuwandeln, alle Seelen in eine Seele - die Weltseele, alles Denken in ein Denken - das Weltdenken; alle Götter in einen Gott; alle Dinge, ob geistlich oder materiell, in e i n s ".*[115]

Daher wundert es nicht, daß die Theosophin Annie Besant folgendes erkennt:

> *"Trotzdem ziehen sich zwei Ströme durch das Christentum, Ströme, die ihre Quelle in den verschwundenen Mysterien haben. Einer war der Strom mystischen Lernens, der aus der Weisheit der Gnosis floß und in den Mysterien vermittelt wurde. Der andere war der Strom mystischer Betrachtung, gleichermaßen ein Teil der Gnosis, der*

---

[113] John Ferguson, "Encyclopedia of Mysticism" (Thames & Hudson), S.196.

[114] Walter J. Elwell, "Evangelical Dictionary of Theology" (Marshall Pickering, 1984), S.257.

[115] ebenda.

Deshalb glauben alle Okkultisten und Sympathisanten der Weltreligion, die irrtümlicherweise den Römischen Katholizismus mit Christentum gleichsetzen, daß die Bekundungen biblischer Lehre seitens des Vatikans nur einen "Übergangscharakter" haben, bis ihre ersehnte religiöse Konföderation Wirklichkeit wird. Denn auf der Ebene des Mystizismus findet die Vermischung der "Wurzeln des Christentums mit denen der Weltreligionen" statt. Die heutigen Befürworter des interreligiösen Glaubens können daher gemeinsam mit Okkultisten und Theosophen sagen:

> *"Du darfst den Religionsgedanken nicht auf die paar hundert Jahre nach der Reformation, auf jene christliche Minderheit, die man in den sogenannten protestantischen Gemeinschaften findet, beschränken. Du muß weiter blicken. Schau auf das ganze christliche Altertum zurück und sogar noch weiter bis auf die uralten Religionen des Ostens, und dann wirst du die Übereinstimmung des Wissens finden, welche ein Zeichen der Wirklichkeit ist, und den Leitgedanken des Mystizismus darstellt. Und so wirst du die Existenz eines Pfades und eine erklärte Methode finden, durch die du die höchste Erkenntnis erlangen kannst. Der römische Katholik hatte schon immer eine Art Kenntnis dieses Pfades, und bezeichnet das Ziel dieses Pfads mit einem überraschenden Namen. Allgemein wird das Wort Einheit benutzt, doch wenn man einige großartige Bücher römisch-katholischer Theologie heranzieht, wird man überraschenderweise jenes Wort finden, was ich im Sinn habe; sie nennen es "Vergötterung", die Vergötterung des Menschen; die Menschen werden zu Göt-*

---

[116] Annie Besant, "Esoteric Christianity" (Theosophical Publishing House, 1901), S.80.

tern; nichts geringeres ist mit "Vergötterung" gemeint. Und der Hindu und der Buddhist nennt es "Befreiung", nämlich die Freilassung des menschlichen Geistes von den Fesseln, die ihn niedergehalten und ihn blind gemacht haben. Die Bedeutung ist dieselbe, die Methode ist dieselben, und die Sache ist dieselbe. Und somit erkennen wir, daß es im Reich des Geistes keinen dieser Unterschiede gibt, die eine Religion von der anderen auf irdischer Ebene abgrenzt. Und wir erkennen, daß der Geist dort vereinigt ist, wo man auf Erden an Trennung festhält, und daß dort, wo Erkenntnis (Gnosis) die Stelle des Glaubens einnimmt, die Streitgespräche verstummen müssen und die Gewißheit der Wahrheit bekannt wird".[117]

Nun verstehen wir langsam, an welcher Stelle die römisch-katholische Religion in die ökumenische interreligiöse Bewegung tatsächlich hineinpaßt. Es ist in Wahrheit ein Übergangsprozeß, bei dem äußerlich an orthodoxen biblischen Lehren festgehalten wird. Jedoch wird durch den vom neoplantonischen Synkretismus abgeleiteten Mystizismus heimlich an dem satanischen Auftakt festgehalten, der das Kennzeichen von allem Okkultismus und allen Religionen der Welt ist. Eine der am wenigsten bekannten Tatsachen über den Vatikan ist, daß dieser eine beträchtliche Zahl alter Handschriften mit gnostischen und esoterischen Lehren in seinen Gewölben lagert. Die römische Kirche gibt das nicht offen bekannt, weil die Zeit dazu noch nicht reif ist. Aber Okkultisten und Sympathisanten der Weltreligionen (wie der "ozeanähnliche Höchste", der Dalai Lama) wissen das nur zu genau. Sie erkennen sicherlich die Zeichen der Zeit, bis eines Tages die versteckten "Wahrheiten" im Vatikan als das "wirkliche" Christentum

---

[117] Annie Besant, "Mysticism" (Theosophical Publishing House, 1914), S.15-16.

offenbart wird. In ihrer Denkweise hat die gegenwärtige äußerliche Lehre bloßen Übergangscharakter, und sie warten auf die Zeit, wenn das "Eins-Sein" kommen wird. Hierzu erinnert der Gründer der Theosophischen Gesellschaft und frühere anglikanische Geistliche, C.W. Leadbeater, seine Leser daran:

> *"daß die römisch-katholische Kirche etwas besitzt, was man Dogmenentwicklung nennt, und außerdem etwas, was den Papst zum unfehlbaren Verfechter göttlicher Lehre macht, zum Stellvertreter Gottes auf Erden".*[118]

Dann, um im Namen jedes anderen okkultistischen Weltreligionsvertreters und Synkretisten zu sprechen, träumt er von dem Tag, an dem der Papst ihnen folgende Worte frei bekennen wird:

> *"Sicherlich ist das, was ihr vorbringt, die wahre Bedeutung christlicher Lehre. Wir haben das schon immer gewußt, und wir haben jede Menge Handschriften in der Bibliothek des Vatikan, die das beweisen können. Wir haben euch das deswegen nicht eher gesagt, weil durch alle Zeiten bis jetzt die Menschen noch nicht reif waren für solch eine Offenbarung. Sie waren zu roh, zu ungehobelt und zu unterentwickeltm um eine philosophische und mystische Interpretation zu verstehen. Die äußere Hülle der Religion war alles, was man ihnen nützlicherweise anbieten konnte. Nun wurde ein weiteres Stadium erreicht und die Welt ist reif für weitere Offenbarungen".*[119]

Wir sind nicht weit entfernt von dem Stadium, von dem der Theosoph Leadbeater in seinen okkulten Reden in Adyar,

---

[118] C.W.Leadbeater, "The Inner Life", Bd.1 (Theosophical Press, Wheaton, Illinois, 1949), S.122.

[119] ebenda.

Indien, im Jahre 1910 träumte. Genau das ist es, worum es bei der "neuen Spiritualität" wirklich geht: die alte Gnosis modern zu offenbaren und ein Instrument zu schaffen für den Aufstieg einer massiven, weltweiten Täuschung. Die Welt steht am Rand der phänomenalsten List, die von Satan und seinen Jüngern auf Erden inszeniert werden soll. Wenn wir diese Tatsache begreifen, können wir langsam einschätzen, welche Rolle der Vatikan im Gebäude der kommenden Zusammenballung von "Spiritualität" spielt. Jetzt ist uns vielleicht klar, welche Bedeutung die häufigen und heimlichen "religiösen Gespräche" im Vatikan zwischen dem Papst und solchen Männern wie den Dalai Lama haben.

Weil das Kreuz des wahren Evangeliums durch die irdische Macht des Vatikans (eine Macht, die die Welt so liebt) überkleidet wurde, wird der Papst von anderen Glaubensrichtungen als potentieller Führer anerkannt, der die christliche Kirche in jene religiöse Konföderation bringen soll, die Satan gegenwärtig durch die ökumenische und interreligiöse Bewegung schafft. Sie sehen im Vatikan nicht den "Verteidiger biblischen Glaubens", wie sich die römisch-katholische Kirche betrügerischerweise nennt, sondern eine Kraft, die die Menschen in ein "geistliches" Konglomerat zusammenlaufen läßt. Dies wird von gottlosen Menschen dazu benutzt, den Weg für eine parallele Form der Weltregierung zu ebnen, damit ihre eigenen Interessen und die des Antichristen verwirklicht werden.

Obwohl wir in dieser kurzen Studie nur die Spitze des Eisbergs berühren, verstehen wir vielleicht, warum internationale Finanziers so willig Millionen von Dollar bereitstellen, um das ökumenische und interreligiöse Anliegen zu fördern, denn sie bauen das neue Babel des weltweiten Bewußtseins. Als ein Beispiel von vielen, die genannt werden könnten, hat derselbe Spender (Rockefeller), der die international einflußreiche Chase-Manhattan Bank unterhält, nicht nur 1.000.000 Dollar dem Institut des Weltkirchenrates in Genf überlassen, sondern stellte auch 8.500.000 Dollar zum Kauf von Grundstücken für das Hauptquartier der Vereinten Nationen in New York bereit.[120] Es ist gleichermaßen aufschlußreich zu erfahren, daß die gleiche Bankiersfamilie größere Summen an den synkretistischen "Tempel der Verständigung" spendete und ebenso für den götzendienerischen multireligiösen Meditationsraum der Vereinten Nationen in New York, was eine okkulte Organisation zu der Bemerkung veranlaßte:

> *"Wie auch immer man den Meditationsraum der Vereinten Nationen interpretieren mag, kann man doch mit Sicherheit sagen, daß die Worte und deren Widerhall gerade erst angefangen haben".*[121]

Wir können hier sehen, daß die verdorbenen Institutionen der Welt auf den Zug der ökumenischen interreligiösen Aktivitäten der abgefallenen Kirche aufgesprungen sind, um ihre eigenen, despotischen Ziele zu erfüllen.

Wir wissen, daß es viele aufrichtige, ökumenisch gesinnte Christen gibt, die nichts mit interreligiösen Aktivitäten zu tun haben wollen. Die verdorbenen Kapriolen des Polit- und Finanzsystems der Welt würden sie anwidern. Doch scheinen sie keine Bedenken gegen eine Ökumene mit dem Vatikan zu haben, der sich offen zu solchen interreligiösen Zielen bekennt, und dessen finanzielle und politische Aktivitäten bei weitem nicht makellos sind. Diese Verführung wohlmeinender Gläubiger durch die weltliche Macht Roms ist nichts neues, wie der scharfsinnige Otto Borchert herausstellte:

> *"Manch ein Evangelischer unter uns schaut neidisch auf Rom, und manch eine protestantische*

---

[120] Robert W.Lee, "The United Nations Conspiracy" (Western Islands Press, 1981), S.181.

[121] Aus "Lodestone" in "The World Goodwill Bulletin", Lucys Trust. Juli, 1957. Der Lucys Trust (früher Luzifer) wurde 1922 durch die Okkultistin Alice B. Bailey gegründet.

*Regierung sieht etwas sehr Imposantes in Roms
Stellung"*.[122]

Schon 1930 sah Borchert klar, daß sogar militante
Atheisten der Welt einen gewissen Respekt vor der weltweiten Ausbreitung des päpstlichen Thrones haben:

*"Nietzsche, schlußfolgerte zwar in seinem Buch
"Antichristen" folgendermaßen: 'Ich nenne das
Christentum den einen großen Fluch [...]. Ich
nenne es den unsterblichen Schandfleck der
Menschheit'. Doch selbst er kann nicht anders, als
so etwas wie Sympathie für die römische Kirche zu
empfinden. Denn in ihr findet er sein Ideal vom
absoluten Herrscher verwirklicht, und der Kontrast zwischen Meister und Sklave wird zu seiner
Zufriedenheit ausgeführt. Doch was für ein Gericht ist Nietzsches Beifall für Rom"!*[123]

Infolge des zweiten Vatikanischen Konzils ist es möglich,
herauszufinden, woraus die römisch-katholische Religion
eigentlich besteht. Sie scheint allen alles zu sein, je nachdem, was man glauben und praktizieren möchte. Es kann
die Unterstützung eines mörderischen Guerillakriegs sein,
eine charismatische Schwärmerei oder eine weihrauchver-
brennende, madonnenverehrende, heilige Priesterschaft!
Kardinal Daneels von Brüssel berichtet beschämt von dem
Phänomen, daß *"23% der Katholiken in westlichen Län-
dern und bis zu 31% praktizierender Katholiken an Reinkarnation glaubt"*.[124] Es muß viele echte Gläubige geben,

---

[122] Otto Borchert, "The Original Jesus" (Der Goldgrund des
Lebensbildes

Jesu) (Lutterworth Press, 1933), S.113-114.

[123] ebenda, S.114.

[124] Godfried Cardinal Daneels, "Christ or Aquarius" (Veritas, 1992),
S.28. Das ist eine ausgezeichnete kleine Broschüre, die den
antichristlichen Charakter der New-Age-Bewegung aufzeigt.

die in dieser Denomination Zuflucht gesucht haben wegen dessen Schein von biblischer Orthodoxie im Gegensatz zum offenen Liberalismus anderer Denominationen, anscheinend aber wenig Ahnung vom Ausmaß der Verdorbenheit des Synkretismus ihrer vatikanischen Führer haben. Gleichermaßen gibt es viele aufrichtige Leute in den protestantischen Denominationen, die so verführt worden sind, daß sie glauben, die Ökumene mit dem römischen Katholizismus sei etwas sehr Wünschenswertes. Doch die Macht Roms, mit der sich so viele Ökumeniker heute gerne einlassen möchten, ist nichts anderes als die Macht der Welt und die Macht Satans. Es ist sehr wahrscheinlich, daß sich in den kommenden Jahren die wahre Richtung des Vatikan und sein Verhältnis zur ökumenischen interreligiöse Bewegung für jeden deutlich zeigen wird. Denn hinter all dem Gerede von ökumenischer Einheit steht die dunkle Wirklichkeit einer weiteren weltweiten Bewegung - einer mächtigen Allianz dämonischer Macht in Gestalt vieler okkulter und weltlicher Organisationen zu einer "Weltbruderschaft", die sich als Engel des Lichts und Dienerin der Gerechtigkeit ausgibt, und die die politische Arbeit der Vereinten Nationen sowie die ökumenischen Aktivitäten der weltweiten Namenschristenheit zum Hauptbrennpunkt ihres geheimen Bestrebens gemacht hat.

Nachwort

Hiermit schließen wir unsere kurze Untersuchung der gegenwärtigen ökumenischen und interreligiösen Bewegung. Wir leben in einer außergewöhnlichen Zeit der Kirchengeschichte und stehen vor einer Prüfungszeit für alle Gläubigen. Das Jahr 1993 wurde zum "Jahr der interreligiösen Verständigung und Kooperation", und während des ganzen Jahres fanden viele interreligiöse Gipfeltreffen statt. Sie sind Teil des hundertjährigen Jubiläums des ersten "Parlaments der Weltreligionen" im Jahre 1893. Mittelpunkt war das einwöchige zweite "Parlament der Weltreligionen", das am 28. August 1993 im Palmer House Hotel in Chicago abgehalten worden ist. In mancher Hinsicht war das erste "Parlament" 1893 ein Ereignis vor seiner Zeit. Die Welt wurde noch immer durch einen nominell christlichen "Commonwealth" beherrscht, und der damalige Erzbischof von Canterburry weigerte sich, eine Einladung anzunehmen, indem er darauf hinwies, das Christentum sei die einzige wahre Religion. Heute leben wir in einer ganz anderen Welt - einer Welt, die Frieden, Einheit und Stabilität **um jeden Preis** will.

Ein Teil der Arbeit des zweiten "Parlaments der Weltreligionen" in Chicago bestand darin, die Deklaration weltweiter menschlicher Werte zu betrachten, die später durch die Vereinten Nationen ratifiziert werden sollte. Dies wurde von dem römisch-katholischen Theologen, Professor Hans Küng, Direktor des Instituts für ökumenische Forschung an der Universität Tübingen, Deutschland, entworfen. Die Motivation zu dieser "Deklaration" wurde deutlich in Dr. Küngs Aussage vor einem UNO Auditorium am 15.4.1992: *"Wenn wir den Fundamentalismus überwinden wollen, müssen wir es auf konstruktive Art und Weise tun"*.[125] Man muß beachten, daß für einen Befürworter der

---

[125] Aus dem Artikel "Dr.Hans Küng at the United Nations", im Rundbrief des "Tempels der Verständigung", Sommer 1992, S.1.

interreligiösen Bewegung der "Fundamentalismus" nicht auf bestimmte Formen des Islam beschränkt ist, sondern auch mit evangelikaler Christenheit gleichgesetzt wird. Diese "Deklaration" wird im Endeffekt die "Glaubensgrundlage" oder das "kollektive Bekenntnis" der zusammengeschlossenen Religionen in der "neuen Weltordnung" festlegen, wodurch die stark missionarische und evangelistische Grundlage der biblischen Christenheit als "trennend gegenüber der Menschenfamilie" hingestellt und in steigendem Maße unterdrückt werden wird. Aus diesem Grund war das Jahr 1993 ein Scheideweg für die Kirchengeschichte, während sich eine internationale religiöse Bewegung bildet, die sich mit Eifer gegen das biblische und apostolische Christentum stellen wird.

Die fatalen Fehler der interreligiösen Bewegung

Viele mögen sich fragen, was an der Schaffung einer besseren Welt durch interreligiöse Zusammenarbeit wohl möglicherweise falsch sein könnte. Diese Frage ist in einer Welt, die nach Lösungen für ihre Übel sucht, verständlich. Trotzdem gibt es zwei grundlegende Fehler bei den Bestrebungen der Institutionen und Organisationen, die die ökumenische interreligiöse Bewegung ausmachen.

Der erste Fehler hat mit dem irrtümlichen Glauben an das angeborene Gute im Menschen zu tun - ein Glaube, der von der Bibel ausdrücklich widerlegt wird, z.B. 1.Mo.8,21; Jer.17,9; Röm.3,10-18; Mt.7,11; Joh.2,25. Der zweite Fehler hat mit der fehlenden Anerkennung der Tatsache zu tun, daß wir in einer von Sünden verdorbenen Welt leben. Es gibt jede Menge spiritueller Dinge, die unter der Tyrannei Satans, der ständig gegen den Schöpfer arbeitet (Eph.2,2; 6,11-12; Mt.12,22-29), permanent geschehen. Jesus Christus ist auf diese Welt gekommen, um diese Situation in einer einzigartigen Weise zu beheben (Joh.12,31; 1.Joh.3,8; Jes.27,1). Die ökumenische interreligiöse Bewegung hat jenes Zeugnis der Bibel absichtlich abgelehnt, daß die

Welt, wenn Christus wiederkommt, der umfassenden Vollstreckung des zerstörenden und wieder erneuernden Gerichts Gottes entgegengeht, und zwar deswegen, weil sie Seinen Sohn abgewiesen hat, als Er vor 2000 Jahren auf die Erde kam, um ein geistliches Reich auf dieser Welt aufzubauen (Joh.12,31; 5,22-24; 3,35-36). Die Führer aus den Nationen sind aufgefordert, Jesus Christus zu huldigen (Ps.2,10-12) und den Götzendienst und die Zaubereien ihrer Religionen aufzugeben - alles Dinge die zu tun sie sich ständig weigern. In der Tat beschreibt die Bibel keinen geschichtlichen Prozeß, der zur Gründung eines Reiches von "Frieden und Gerechtigkeit" in dieser gegenwärtigen Welt führt. Natürlich sollten die Christen friedlich zusammenarbeiten, um Ordnung und Harmonie in der Welt zu verbreiten, jedoch nicht auf Kosten der einzigartigen Wahrheit, die nur in Jesus Christus gefunden werden kann. Nur in der Unterordnung unter Christus und Sein Gebot kann wahrer Frieden gefunden werden (Jes.66,12; Joh.14,27).

Der zweite Fehler in der ökumenischen interreligiösen Bewegung ist die Vorstellung, das Christentum sei nur eine andere Religion, die als Antwort auf gewisse kulturelle und geschichtliche Umstände zu sehen ist. Solch ein Konzept wird zwar in Kursen für vergleichende Religion an den Universitäten angenommen, ist aber nicht vereinbar mit Gottes eigener Offenbarung - der Bibel. Denn Jesus Christus ist nicht gekommen, um eine zeitliche Weltreligion zu gründen, sondern um ein ewiges, geistliches Reich zu errichten (Joh.18,36; Dan.7,15-27). Im Gegensatz zu dem, was die götzendienerischen und selbstvergötternden Religionen der Welt propagieren, ist das Christentum k e i n e Religion - es ist d i e Wahrheit (Jes.45,18-22; 1.Tim.2,5; Apg.4,12; Joh.14,6).

In diesem Buch haben wir die synkretistischen Entwicklungen innerhalb und außerhalb der heutigen Namenschristenheit nur angeschnitten. Doch das geheime Vorhaben der ökumenischen interreligiösen Bewegung wird eines Tages für alle sichtbar werden. Es ist eine Bewegung, die in der satanischen Strategie zur Zerstörung des christlichen Evangeliums eine größere Rolle spielen wird. Denn mit ihrer "Superkirche" führen sie das irdische Reich des Antichristen ein, und zwar im Widerstand gegen den Bau des geistlichen Tempels Gottes, den Leib Christi, der die wahre Kirche und Gemeinde darstellt. Während das Evangelium Christi unter wachsender Verfolgung Menschen aus der ganzen Welt in die wahre Gemeinde ruft, schwappt eine Welle satanischer Einheitsbestrebungen auf der Grundlage eines falschen Friedens über die Menschheit hinweg, um die Welt letztendlich auf das Erscheinen des "Menschen der Gesetzlosigkeit" (2.Thes.2,3-12) vorzubereiten. Auf diese Weise werden die geistlichen, politischen und ökonomischen Körperschaften der Welt vereinigt zu *"einer Behausung von Dämonen, einem Gefängnis jedes unreinen Geistes und ein Gefängnis jedes unreinen und gehaßten Vogels"!* (Offb.18,2). Das fast perfekte Werk des Teufels wird in dieser gegenwärtigen Generation Wirklichkeit.

Wie sollen die Gläubigen darauf reagieren? Wie sollte man auf die Freundschaftsangebote der ökumenischen interreligiösen Bewegung reagieren? Vor über 2500 Jahren boten die religiösen Synkretisten der damaligen Zeit den Nachkommen der babylonischen Gefangenschaft an, den Tempel mit ihrer Hilfe wieder aufzubauen. Ihr Angebot wurde klugerweise von den Führern Israels abgelehnt (Esr.3,1-5). Wenn wir bedenken, daß alle größeren Verführungen, die sich in der Kirche wie eine Seuche ausbreiteten, scheinbar harmlos begannen, sollten wir dann nicht denselben Scharfblick entwickeln, wenn wir mit dem missionarischen Eifer der heutigen Ökumeniker konfrontiert werden? Aber auch, wenn wir wachsam und eifrig sind, jeden Hochmut, der sich gegen Christus wendet, zu zerstören, (2.Kor.10,4-5), sollten wir uns vom Geist der Liebe und der Sanftmut (Röm.2,18; Gal.6,1; Eph.4,15) leiten und nicht Feindschaft gegenüber der ökumenische Bewegung oder Anhängern anderer Religionen aufkommen lassen. Die Christen mit "Belagerungsmentalität", die kritisch mit dem

Finger auf die Welt zeigen, werden in Sachen Evangelisation nie viel erreichen.

Die Tatsache, daß wir uns mitten in einem weltweiten, Christus verleugnenden Humanismus befinden, heißt nicht notwendigerweise, daß das Ende der Welt nah ist. Wahre Christen hoffen zwar, daß die Wiederkunft des Herrn Jesus bald geschehen wird, aber in den folgenden Jahren wird vielleicht ein treuer Rest auf unsere Zeit zurückschauen und von ihr sagen, daß es die Ära war, in der die Christenheit vor der totalen Ignoranz bewahrt worden ist, und zwar durch diejenigen, die wachten und beteten sowie ihren Glauben auslebten und von der Welt verachtet wurden. Hier liegt die Verantwortung von Gottes Volk in der heutigen Zeit, wenn es nicht in eine Bewegung hineingezogen werden soll, die für ein unkritisches Auge attraktiv zu sein scheint.

Wachen wir?

Beten wir?

Setzen wir unseren Glauben in die Praxis um (1.Petr.3,15)? Oder lassen wir die Dinge einfach laufen, indem wir die Verwirrung und Abwertung christlicher Wahrheiten für die Sache einer Pseudoeinheit kaum wahrnehmen?

Trotz allem, was in diesem Buch geschrieben wurde, braucht der wahre Gläubige diese Dinge nicht zu fürchten. Er muß an der Wirklichkeit des Sieges Christi über all diejenigen, die sich dem Bau Seines Reiches entgegenstellen, festhalten (Ps.2,4-6; Dan.2,44; Mt.21,42-44; 2.Thes.2,8; Offb.11,15; 13,10; 14,12; 17,17). Zu dem aber darf das Kind Gottes Satans Werkzeuge nicht ignorieren, damit Satan es nicht übervorteilt (2.Kor.2,11). Denn die Existenz dieser Entwicklungen zeigt die unvermeidliche Konzentration der häßlichen Anomalie der Sünde in diesem Universum, die immer erst ihr volles Maß erreichen muß, um für das göttliche Gericht reif zu werden (z.B. 1.Mo.15,16; Dan.18,23; Mt.23,32; 1.Thes.2,16). Wir sollten uns freuen, daß unser Gott in Seiner Allmacht das humanistische System der Menschen aufhebt, trotz aller gegenwärtigen Erscheinungen des Gegenteils, wie es G.K. Chesterton so klar ausdrückte:

> *"Die Kirche ist mindestens fünfmal vor die Hunde gegangen - aber jedesmal war es der Hund, der gestorben ist"!*[126]

In dieser Zeit braucht Gottes Volk Geduld und Glauben, da es den freudigen Moment erwartet, wenn der König der Könige und Herr der Herren in diese Welt zurückkehren wird, um sich mit Zorn und Gericht zu verherrlichen (Jes.65,17; 2.Petr.3,11-13).

> *"Und alles Gemeine wird nicht in sie hineinkommen, noch derjenige, der Greuel und Lüge tut, sondern nur die, welche geschrieben sind im Buch des Lebens des Lammes"* (Off.21,27).

Wenn diese Zeit kommt, wird die große Stadt Babylon - diese geistliche Verkörperung allen Widerstands gegen Jahwe - *"niedergeworfen und nie mehr gefunden werden"* (Off.18,21). Die Jahre des Planens, der "geistlichen Gipfel" und der Zusammenkünfte werden zu nichts geführt haben. Das wird der Schuldspruch des HERRN über die gesamte Geschichte satanischer Verführung sein - jener Lüge, die die "Bruderschaft der Menschen" über das Urteil Gottes stellte.

---

[126] G.K.Chesterton, "The Everlasting Man" (Hodder & Stoughton, 1924) S.294-295.

Bibliographie

ABHISHIKTANANDA, *Hindu-Christian Meeting Point*, ISPCK, 1976.

BAHA'I WORLD CENTRE, Haifa, *The Promise of World Peace: A Statement by the Universal House of Justice,* October, 1985.

BAILY, Alice B., *Initation: Human and Solar,* Lucis Press, 1923.

BESANT, Annie, *Esoteric Christianity,* Theosophical Publishing House, 1901. *Mysticism,* Theosophical Publishing House, 1914.

BREWER, Bartholomew F., *Pilgrimage from Rome: The True Story of a Roman Catholic Priest's Search for Truth*, Bob Jones University Press, 1986.

BROCKETT, Lorna J.M., *The Development of the Ecumenical Movement,* Christian Education Movement in colloboration with Roehampton Institute of Higher Education, 1981.

BURTON, Lady Ursula, and DOLLEY, Janice, *Christian Evolution: Moving Towards a Global Spirituality,* Turnstone Press, 1984.

CARSON, H.M., *Dawn of Twiltight: A Study of Contemporary Roman Catholicism,* I.V.P., 1976.

COTTER, John, *A Study in Syncretism The Background and Apparatus of the Emerging One-World Church,* Canadian Intelligence Publications, 1979. *Council for a Parliament of World Religions Newsletter,* Vol.4,No.1, June 1992.

CUPPIT, Don, *The Sea of Faith: Christianity in Change,* BBC, 1984.

DaCOSTA, Godfriend Cardinal, *Christ or Aquarius,* Veritas, 1992. *Diakrisis, No.1,* Summer, 1990; article on the New Consciousness in the Church of England. (Journal available from P.O. Box 4, Haddington D.O., East Lothian, Scotland, EH 41 3JT). *No.2,* Spring 1991; articles on (1) the use of witchcraft and goddess-worship in the Feminist Movement, and (2) on the antichristian activities of science today. *No.4,* Summer 1992; articles on (1) the use of sorcey in the Church today and (2) the syncretic nature of some of the activities of the Charismatic Movement.

DODSON, Peter, *Contemplating the World,* S.C.P.K., 1987.

ELWELL, Walter A.(Ed), *Evangelical Dictionary of Theology,* Baker Book House, 1984. Articles on "Ecumenism and Roman Catholicism".

FERGUSON, John, *Illustrated Encyclopaedia of Mysticism and Mystery Religions*, Thames & Hudson, 1976.

FERGUSON, Marilyn, *The Yuarian Conspiracy: Personal and Social Transformation in the 1980's,* Granada/Paladin, 1982.

FERRE, Nels, *The Universal Word: A Theology for a Universal*

Faith, Collins, 1970.

FOSTER, Richard, *The Celebration* of Discipline, Hodder & Stoughton, 1979.

GRAHAM, Dom Aelred, *Zen Catholicism*, Harcourt, Brace & World Inc. 1963.

GRIFFITHS, Bede, *Essays Towards a Hindu, Christian Dialogue,* London, 1966. *The Marriage of East and West,* Collins, 1982. *Cosmic Revelation: The Hindu Eay to God,* Collins, 1983.

HOCKING,W.E., *Rethinking Missions,* Harper, 1932.

HOGG, William Richey, 'Edinburgh 1910: Ecumenical Keystone', article in *Religion and Life: A Christian Quarterly of Opinion and Discussion,* Vol XXIX, No.3, Summer 1960.

HOPKINS, C.H., *John R.Mott: A Biography,* Eerdmans, 1980.

IGNATUS OF ANTIOCH, *The Epistle to the Ephesians,* Trans. by Srawley, J.H., S.P.C.K., 1900. *Interfaith News,* No.3, Autumm 1983.

IRENAEUS OF LYONS, *Against Heresies or A Refutation and Overthrow of Knowledge Falsely So-Called*, Trans. J. Keble, Oxford, 1872.

IYENGAR, B.K.S., *The Concise Light on Yoga,* George Allen and Unwin, 1980.

JACKSON, Carl T., *The Oriental Religions and American Thought: Nineteenth Century Explorations,* Greenwood, 1981.

JOHNSTON, William, *The Inner Eye of Love: Mysticism and Religion,* Collins, 1981.

KELLY, J.N.D., *The Oxford Dictionary of Popes,* Oxford University Press, 1986.

KING, Ursula, *Towards a New Mysticism: Theilhard de Chardin and Eastern Religions,* Collins, 1980.

LEADBETTER, C.W., *The Inner Life,* Vol.1, Theosophical Press, 1949.

LEE, Robert W., *The United Nations Conspiracy,* Western Islands Press, 1981. *Life Magazines,* December, 1964. Article on the origin of the *Temple of Understanding* entitled Judith Hollister and her Wonderful Obsession.

LOVELOCK, J.E. *Gaia,* Oxford University Press, 1979.

MacGREGOR, Geddes, *The Christening of Karma*, Theosophical Pub.House, 1984.

MARTIN, Hugh, *Beginning at Edinburgh: A Jubilee Assessment of the World Missionary Conference,* 1910, Edinburgh House Press, 1960.

McINTIRE, Carl, *Servants of Apostasy,* Christian Beacon Press, 1955.

MELTON, J.Gordon, *New Age Encyclopedia,* Gale Research Inc., 1990.

MERTON, Thomas, *The Zen Revival,* Buddhist Society of London, 1971. *Thomas Merton on Zen,* Sheldon Press, 1976.

MORRISON, Charles Clayton, *The Desire to be Human: A Global Reconnaissace of Human Perspectives in an Age of Transformation,* Miranana, 1983.

MÜLLER,F. Max, (Trans & Ed.), *The Sacred Books of the East,* Vol.XIV, "The Upanishads", O.U.P., 1900.

NATIONAL CENTRE FOR CHRISTIAN COMMUNITIES AND NETWORKS, *Towards a New of Church: A Report to the Inter-Church Process,* Nacccan, 1986.

NEWMAN, John Henry Cardinal, *An Essay on the Development of Christian Doctrine,* Pengiun Books, 1974.

PARRINDER, Geoffrey, *Mysticism in the World's Religions,* Sheldon Press, 1976.

ROMAN CATHOLIC COMMITTEE FOR OTHER FAITHS, *What does the Church Teach?,* Catholic Truth Society, 1986.

REARDON, Martin, *What on Earth is the Church for? - A Study Course for Lent 1986 prepared for the Inter-Church Process,* British Council of Churches § the Catholic Truth Society, 1986.

REDFORD, John, *What Catholics Believe, in Twenty Lessons,* Catholic Truth Society, 1981.

RUNCIE, Robert, *Christianity and World Religions,* Sir Francis Younghusband Lecture, World Congress of Faiths, no date.

SAGGS, H.W.F., *The Greatness was Babylon: A Surve of the Ancient Civilisation of the Tigris-Euphrates Valley,* Sidgwick & Jackson, 1988.

SMITH, Bernard, *The Fraudulent Gospel: Politics and the W.C.C.,* Canadian Intelligence Publications, 1978.

SMITH, Wolfgang, *Teilhardism and the New Religion: A Thorough Analysis of the Teachings of Pierre Teilhard de Chardin,* TAN Books & Publishers, 1988.

SPENSER, Robert Keith, *The Cult of the All-Seeing Eye,* C.B.A., 1964.

SUENENS, Leon Joseph Cardinal, *Ecumenism and Charismatic Renewal,* Darton, Longman & Todd, 1978.

TEILHARD DE CHARDIN, Pierre, *The Phenomenon of Man,* Collins, 1959. *Hymn of the Universe,* Fontana, 1970. *Temple of Understanding Newsletter,* Summer, 1992.

TODD, John M., *Catholicism and the Ecumenical Movement,* Longmans, Green & Co., 1956.

TOYNE, Marcus, *Involved in Mankind: The Life and Message of Vivekananda,* Ramakrishna Vedanta Centre, 1983.

VERNEY, Bishop Stephen, *Into the New Age,* Collins, 1976.

VISSER'T HOOFT, William, *No Other Name: The Choice Between Syncretism and Christian Universalism,* SCM Press,

1963. (ED), *The First Assembley of the World Council of Churches: The Official Report,* SCM, 1949.

WALKER, Barbara G., *The Woman's Encyclopedia of Myths and Secrets,* Harper & Row, 1983.

WEBB, James, *The Occult Underground,* Open Court, 1974. *The Occult Establishement,* Open Court, 1976.

WEBSTER, Nesta, *The Socialist Network,* London, 1926. *Secret Societies and Subversive Movements, London, 1924.*

Begriffserklärungen

Antichrist
Gegner von Christus, der Teufel. Gegner des Christentums.

Antithese
Der These entgegengesetzte Behauptung, Gegenbehauptung; Gegensatz.

Arianismus
Lehre des Arius, wonach Christus mit Gott nicht wesenseins, nur wesensähnlich sei.

Askese
Streng enthaltsame Lebensweise, oder auch Bußübung.

Bahaismus
Universale Religion.

Deismus
Gottesauffassung der Aufklärung, die eine Beziehung Gottes zur Weltwirklichkeit bestreitet.

Feminismus
Bewegung die die traditionelle Rollenverteilung zwischen Mann und Frau bekämpft.

Gaia
Göttin Mutter Erde.

Gnosis (Gnostizismus)
Alle religiösen Richtungen, die die Erlösung durch (philosophische) Erkenntnis Gottes und der Welt suchen.

Kabbalismus, Kabbala
Jüdische Geheimlehre, Magie mit Buchstaben.

Konglomerat
Zusammenballung, Gemisch.

Lamaismus
Form des Buddhismus in Tibet und der Mongolei.

Mantra
Gesprochene Formel die unter Anwendung bestimmter Atemtechniken immer wiederholt wird und eine mystische Erfahrung des Göttlichen bewirken soll.

Meditation
Geistige Übung zur Erfahrung des innersten Selbst.

Monismus
Einheitslehre nach der die Wirklichkeit von einer Grundbeschaffenheit ist.

Monolitisch
Eine feste Einheit bildend.

Mystizismus
Wunderglaube, Glaubensschwärmerei.

Neue Welt Ordnung
Siehe New Age.

New Age
New Age, New-Age-Bewegung, vielgestaltige Strömung von

Vereinigungen, Organisationen und Individuen, die das Ziel haben die Gesellschaft in ein Neues Zeitalter (New Age) der Erleuchtung und Harmonie einzuführen. Dabei dient als einigendes Band der Wunsch nach Förderung einer neuen Weltanschauung (Neue Weltordnung) auf der Basis eines Gemischs aus humanistischer Ethik, den Idealen ganzheitlicher Heilung und den traditionellen östlichen Religionen, um dadurch der Menschheit neue Lebenskräfte zuzuführen.

Okkultismus

Geheimwissenschaft; Lehren und Praktiken, die sich mit der Wahrnehmung übersinnlicher Kräfte beschäftigen.

Ökumene

a) Die bewohnte Erde als menschlicher Lebens- und Siedlungsraum; b) Gesamtheit der Christenheit; c) Ökumenische Bewegung.

Pantheismus

Allgottlehre, in der Gott und Welt identisch sind.

Pelagianisch

Nach dem im 4.Jhrdt. lebenden Mönch Pelagius. Dieser verbreitete die Irrlehre, daß der Mensch den entscheidenden Schritt zur Errettung, unabhängig von der göttlichen Gnade, auf Grund seiner eigenen Verdienste tun kann.

Polytheismus

Verehrung einer Vielzahl von Göttern.

Pseudo

Bestimmungswort mit der Bedeutung "falsch, unecht, vorgetäuscht".

Reinkarnation

Wiederverleiblichung in der buddhistischen Seelenwanderung.

Schamanismus

Religion, in der der Schamane (Zauberpriester) im Mittelpunkt steht.

Synkretismus

Vermischung verschiedener Religionen oder philosophischer Lehren.

Taoismus

Chinesische Volksreligion (mit Ahnenkult), die den Menschen zur Einordnung in die Harmonie der Welt anleitet.

Universalismus

Denkart, die den Vorrang des Allgemeinen, des Ganzen betont.

Zen

Japanische Richtung des Buddhismus, die durch Meditation größte Selbstbeherrschung zu erreichen sucht.